Unique

Unique

Unique

Unique
〜〜〜〜〜〜〜〜

零噪音

NOISE

在專注力稀缺時代，奪回人生與工作主導權

LIVING AND LEADING WHEN NOBODY CAN FOCUS

JOSEPH McCORMACK

喬瑟夫・麥柯馬克 **著**　　曾婉琳 **譯**

目 錄
Contents

Part V
簡單設計以降低噪音

本書閱讀方法

本書出發點是為了讓各位更容易保持專注,於是我刻意安排一些片刻的閱讀休息時間,好讓各位能針對書中提出的觀點做深入思考與理解。以下是三個表示休息時間圖示的意義:

插播:

這些簡要的洞見,可幫助提醒我們該如何保護自己免於受大量資訊噪音影響,能更刻意地專心做事,並獲得內心平靜。

值得分享:

此部分記事之內容,有些是介紹富創新精神的人們,有些是介紹已出版的精采作品,或者是一個能提升注意力的好構想。在每則記事中,我都會清楚說明值得我們細思的理由。

插圖:

我在書中安排多幅插圖,輔助我解釋哪些事會造成大量的分心和注意力不集中情況,以及那些干擾因素對我們的日常生活造成何種影響。

眾聲喧嘩的時代，
你需要高專注力

宋怡慧

　　《孟子》提到：「下棋看起來是小技術，如果無法聚精會神、專心致志，最終仍是無法學會。」無論過去或是現在，專注力是致勝的王道。既然專注是王者養成的必要條件，為何越來越多年輕人容易分心？甚至無法對生活專注？

　　有人歸咎於 3C 產品的盛行，過多的雜訊，讓我們容易分心。毫無用處的數據，不只會剝奪注意力，也會持續攻擊我們的大腦。唯有專心致志才能高效率地完成工作。唯有夠專注，才能思考與決策。沒錯，當你把大腦塞進太多訊息，重要的、不重要的；有用的、無用的，統統裝進去，海量的資訊讓大腦無法運轉，甚至接近「當機」邊緣。因而，新課綱的課室教學不再給學生密集資訊的轟炸，而是如何化繁為簡地將知識拆解，能力組裝，讓大腦不至於拒絕輸入，甚至自動關機。

　　同時，我也注意到：學生很容易被外界事物影響。教育現場的注意力稀缺情況，常會影響自己的教學節奏。科技讓學生可快速取得知識，卻也讓他們常被片段的訊息給蒙騙，對事實失去判讀力。過度的噪音讓大腦超載了，甚至無法專注地精準思考，人

際關係也隨之崩解，溝通能力也開始弱化，甚至學生的意志也變得薄弱起來。

在廣袤的資訊海洋泅泳的我們，又該如何游往智慧的彼岸呢？科技猶如水，它可載舟，亦可覆舟。科技讓生活變得便捷，學習變得輕鬆，卻也讓我們失去自行探究的耐心與好奇。尤其，手遊的盛行，被電子設備挾持的家庭，網路成癮的危機，讓小孩更容易恍神。從生物觀點和商業模式來探究，是該讓孩子適時地遠離 3C 產品了。沒有節制地沉醉虛擬社群媒體，孩子們忘記實際的社交技巧與應對，面臨的可能是真實人際的疏離感，失去與身邊的人好好相處的動機與能力。

特別喜歡書中提及：懂得聆聽的專注。現代人習慣表達，卻不願意安靜下來傾聽他人意見。身為老師，當不急著向學生表達，懂得安靜聆聽，同理對方的內在感受，就能深化與對方的互動，鞏固彼此關係。而當身邊的噪音漸漸隱沒，世界安靜了，專注地對談，也可讓孩子學會用「聆聽」回饋。

本書作者喬瑟夫・麥柯馬克，以提綱挈領的書寫方式，搭配重點解說插圖，提供適切的案例與策略，協助讀者簡單設計讓自己快轉至專注鍵，關掉噪音鍵的模式。書中提到：沒有方向的專注力，也就是俗稱的白日夢，看似思緒漫遊，卻能放鬆心靈進行調整。原來，讓思考發散，就能產生靈光乍現抑或是頓悟的時刻，帶給我們意想不到的收穫。

最重要的是，透過填寫作者開發的「先發陣容清單」，從日常活動的安排與執行，到特殊活動的調整步調與保有獨特力，也

讓讀者發現掌控專注並不是件難事。

　　找回專注力的需要無關性別、族群、權勢、天分，因為夠專注，才能幫大腦加滿油，設定目標，瞄準靶心，讓生活有目標又充實。當我們成功學會如何聚焦，也將同時領會什麼是「少即是多」的人生策略。化繁為簡、樂在其中，若能全心投入於每件重要的事，你就能擁有真正的高績效與高成就。

　　（本文作者為新北市立丹鳳高中圖書館主任、作家。）

安靜，是一種選擇

林長揚

你有算過自己每天滑多少次手機嗎？

根據《零噪音》書中提到，我們平均每天會點擊手機螢幕2617 次，重度使用者更可能高達 5427 次。

但我們滑手機時都在做什麼？根據我的觀察，大概是這四件事：工作、滑 FB 或 IG、傳 Line，或是玩手遊。

而我相信工作的比例是很少的，例如查看 Email、回覆工作訊息等。大多時候我們都是在 FB 或 IG 看別人的生活、看各種廣告與新聞，或是回覆各種群組的訊息。當一則則貼文與訊息跳出來的同時，我們寶貴的時間也一點一滴消失。

除了手機以外，另一個大魔王就是 Email。以我為例，我的Email 信箱之前一直維持快一萬封的未讀信，內容大多是工作、提醒與廣告。光是要整理就要花掉很多時間跟能量，還不包括回信或後續處理。

這就是現代人的注意力困境，我們每天都被一大堆資訊侵蝕，而資訊太多就是雜訊。當我們總是被雜訊塞滿，大腦專注力就會下降，連帶影響工作與生活。

在此邀請大家想一想，有沒有遇過以下情形：

· 忙了一整天，卻覺得都在瞎忙，好像沒做到什麼成果。
· 放假的時間都花在螢幕跟網路上，感覺沒有休息到，又要上班了。
· 工作時想休閒；休閒時想工作，最後兩個都做不好。

如果你有以上情形，找回專注力就是當務之急。

所謂的專注不是要你與世隔絕，而是請你把精力留給真正重要的事。但實際上該怎麼做呢？你可以試試這 5 個步驟：

· 寫下目標，貼在辦公室與家裡四周，讓自己能常常看到目標。
· 寫下達成目標時，你會是個怎樣的人，例如：「我會是只在下午 3 點至 4 點間回訊息與 Email，其餘時間能高效率工作，並且每天用手機不超過一小時的人。」
· 告知親朋好友你的目標與計畫，請他們幫助並督促你。
· 閱讀這本《零噪音》，並實行當中的找回注意力訣竅，例如：在 Email 主旨寫下明確的行動與日期，節省彼此時間；認真地規畫會議議程，找對的人來開會，確保會議省時又有產出；打造一個降低雜訊的工作環境；有意識地將手機放遠一點等。
· 馬上行動，並且持續。

當你實施低干擾的工作與生活方式時，請不用擔心別人會找不到你，因為如果是很緊急的事，對方會用各種方法找到你。因此最重要的還是你自己，請勇敢地做出選擇並行動吧！

　　請記得，安靜是一種選擇。你的主動將為你找回專注力，創造更好的生活。

　　讓我們一起努力，成為高效率且高專注的人吧！

　　（本文作者為企業課程培訓師、暢銷作家。）

噪音令人上癮，
但無助使我們成為更好的自己

劉奕酉

　　無所不在的資訊，不會讓人覺得悅耳動人，更像是關不掉的噪音。想要避開這些絕無可能，但是其中又有多少與自己相關、有用的資訊？我們已經無力分辨。過度地使用與刺激大腦，已經使得我們的專注力越來越淺薄與難以掌握；隨時隨地可取得的資訊，也導致大腦一直在吃點心而非吃正餐——產生飽足感卻無助於身心健康。

　　除了無用資訊，過量的有用資訊也是一種噪音。當大腦超載，就會決定關閉，即使是再有價值的資訊，我們一樣接收不了。如果你曾在課堂上或會議上恍神，或許就能明白我的意思了。超載的資訊讓我們隨時可能會分心，結果就是學習與工作效率不彰，甚至人際關係都受到負面影響。

　　更糟的是，眾多高科技產品、社群媒體與網路購物，仍然試圖用更具吸引人的方式，甚至是冠上學習與教育的名義不斷地爭奪大眾的注意力，使我們行為成癮。此外，我們對於科技的依賴、對於資訊超載的放任，都在影響我們聚焦與集中注意力的方式，更進而改變思考的模式。

作者點出了問題，同時也是本書的核心：我們都該學習如何保護自己的大腦，遠離科技成癮的誘惑。但是該怎麼做、如何對抗這些噪音呢？

書中提到了幾個面向的做法，相當值得參考。

- 意識管理：避免讓過量的資訊、多餘的想法與行為，耗損大腦的能量。
- 刻意極簡：將目光放在少數的優先事項上，而非更多選擇。
- 意志開關：在說「好」時發揮專注力，在說「不」時關掉對噪音的注意力。
- 安靜時刻：幫大腦按下靜音鍵，讓它有放鬆與充電的時刻。
- 當下聆聽：有目的地聆聽可以有效降低周遭噪音，讓彼此都集中注意力。

如果不只是替自己，也能幫身邊的人集中他們的注意力，比方說我們的孩子、同事與客戶，是不是更好呢？如果我們發現對方已經無法阻止自己獲得更多資訊、避免轉移注意力時，的確有責任去協助他們做好專注力管理。這不僅僅是為了對方好，也是為了促進彼此的生活與工作品質。

書中最後提到的觀點，我十分認同：營造一個降噪環境，是我們每一個人的責任與義務。

怎麼做呢？我們可以主動改變環境，避開製造噪音的場景；也可以改變溝通表達的方式，用更簡潔有力的形式來引導或主導

溝通的過程。這些其實都不難做到，書中也給出不少實用的建議與方法。

如果我們能藉由一些簡單的步驟來保護工作與生活的空間，就能大幅降低這些不必要的噪音進入自己的世界。未來，資訊超載的影響恐怕只會有增無減，但是對抗這些噪音、重新掌握專注力的方法，卻異常地簡單。

現在，就從自己開始做起吧！

（本文作者為《高產出的本事》作者、商務顧問。）

不是戴上耳塞，而是戴上助聽器

麥克・貝克泰爾（Mike Bechtel）

　　好友喬瑟夫在這本書剛出版後就立刻寄給我，而我也火速拜讀。在讀完之後，我忍不住採取了一些「行動」。

　　我關掉郵件提醒，關掉我的社群媒體及大部分手機程式的通知功能。

　　我要聲明，我並沒有刪除任何一個帳號，我不是變成如《湖濱散記》作者亨利・大衛・梭羅那種崇尚極簡的簡約生活愛好者。我並沒有從此不再使用社群軟體，也不是想擺脫現代科技產物，我只是單純覺得，我受夠了過多的分心狀況。

　　我花了三個月，特地讓自己每天有個安靜時刻，以下筆記是我這三個月來的思緒整理：

　　・當我們刻意避開被過多聲音轟炸，我們會開始將注意力放在一些原本因分心而未報以關注的事物上。這就像如果有個人在一個安靜圖書館不斷發出呢喃，比起在大庭廣眾中發出的尖叫聲，我們會更專注在呢喃聲。

　　・我可以建立一個保持自己進入心流狀態，以及重新奪回心

靈控制權的思維堡壘，我不想讓思緒經常處於混亂狀態。持續不斷地被打斷，是生產力殺手，而且每一次被沒有預期到的事物導致分心，其實失去了寶貴的時間與金錢。你的思緒變成老是在尋找下一件事去關注，而因為太多下一件事導致思維上的壅塞。

· 我的數位助理已經喧賓奪主成為我的上司。為了持續得到關注，我的手機仗勢欺人，並試圖主導一切。例如當我很想完成這篇序文的同時，手機程式試圖提醒我需要來點外送美食。我開始重新思索自己跟電子設備的關係，我應該從被動轉變成主動，也發現其實這些設備不應該在生活中占據太多分量。我必須不時提醒自己在 2007 年開始使用手機時，把手機的角色定位成「我的助理」的時候。

這本書，圍繞在「注意力經濟」這個重要主題，並引領大家重新思索諾貝爾經濟學家賀伯‧賽門（Herbert Simon）在 1971 年所寫下的話：

對資訊價值的注重，引發注意力的稀缺，我們每個人都需要在資訊洪流襲來時，重新有效地分配注意力，並好好地使用這些資訊。

賽門寫下這句話時，是個還沒有智慧型手機、網際網路、有線電視的時代。

將近五十年後，作者引領我們重新思索賽門提到的「稀缺」。這本書並不是要各位生活在一個資訊斷絕的空間，而是幫助大家在有限的時間與注意力之下，找到有價值的資訊加以運用。不是要我們戴上耳塞，而是戴上助聽器。

　　請把屏除資訊噪音，當成一項挑戰，也當成一個完成你大小計畫的有力應援（當然不是跳出來另一個罐頭通知）。

　　（本文作者為巴黎聖母院大學企業創新學系教授、德勤會計師事務所未來預測分析師。）

前言
永不間斷的資訊噪音

囫圇吞棗般地接受超量資訊，會不會使人與人之間聽不見對方的聲音？

我們正身處在一個令人不安的年代：隨手可得的資訊固然帶來好處，卻也變成一種讓人膽寒的威脅。我們都無法逃離資訊的喧囂，所以該怎麼應對，才不會讓這些訊息壓垮你我的日常？

當我在 2013 年撰寫《簡潔的威力》一書時，最主要的目的就是幫助人們學會如何清楚又精簡地表達，希望對方能徹底了解我們的意思，不會忽略我們的意見。這幾年來，我一直努力推廣「少即是多」的觀念，在這段過程中我發現人們越來越渴望簡潔，就是這股不斷增長的趨勢讓我警覺到：**我們實在太容易獲得資訊，以至於那些資訊統統聽起來像是「噪音」，毫無意義。**

人們的注意力廣度正在縮小，這可不是在開玩笑。專注力的喪失是個大問題，關注重要的事情並且漠視那些淹沒所有人的資訊，成為越來越難以戰勝的挑戰。

當然，我一直倡導簡潔的威力，也就是去除雜亂。如果延伸這一面向的討論，可把簡潔視為一種適應性策略：在他人轉移注

意力之前，先提出重點。然而由於人們會不斷接收到新的資訊，所以新的問題是**如何避免自己反覆轉移注意力，去關注那些不間斷的干擾噪音？當面對排山倒海而來的資訊浪潮，我們又該如何保持專注？**

為解決這個問題，我開始培訓懂得精簡表達的溝通者以及設定更高的溝通標準，然而當我看到這方面開始有了進展時，我發現人們在另一個更重要的戰場卻快要投降認輸。

本書是為了敲響一道警鐘：我們的世界，已經吵到快聽不見了。資訊洪流正在吞噬我們，進而對生活造成威脅。

以下情景，將是你我即將目睹的世界：

- 上司不知該怎麼帶領部下。
- 下屬對於與主管溝通感到無力。
- 伴侶間無法好好對話，關係變得緊繃。
- 孩子總把雙親的話當耳邊風。
- 父母不懂孩子在想什麼。
- 運動迷會追蹤賽事結果，卻不會實際觀賞比賽。
- 業務員抓不到消費者真正需求。
- 公民討論總是在無意義的口水爭辯中失焦。
- 我們的大腦能量消耗在無意義的每一天。
- 我們變得無法提出洞見，無法學習，無法進步。

在這個資訊時代，我們的生活就像面對即將襲來的海嘯，大家必須站穩抓牢，才有機會存活。屈服於無止盡的分心和空洞的資訊，就跟被海浪捲走沒什麼兩樣。資訊超載已經嚴重影響生活，甚至可能連帶影響我們的後代。

這場社會變遷已經威脅到人與人之間溝通與交際的能力，我們的專注力已被嚴重侵蝕，於是這幾年我積極幫助那些有意願、有興趣且有能力對抗這股趨勢的人。

隨著對螢幕、科技，以及其他有礙我們專心的事物成癮，我們的專注力已經不如前人。缺乏注意力，使人們攝取太多毫無用處和意義的訊息。這個棘手問題，將永遠改變我們的生活。

當生活充斥太多資訊噪音，就快把所有人淹沒，我們該如何調適？對我來說，我的使命是幫助人們平穩地度過這場災難，這也是我撰寫此書的初衷。是時候控制這些噪音了，否則噪音將控制你。

Part

I

大規模分心武器

我們的大腦已承受太多襲擊，

這已是一種社會問題。

Chapter
1
噪音，噪音，好多噪音

我們每天都會讓自己跟無數個物品連線，智慧型手機、筆記型電腦、平板電腦，以及智慧型手錶。此外，還有汽車、機場、加油站、教室、辦公室、醫院和旅館裡的螢幕。這些物品會 24 小時不間斷地發出吵雜訊息。而且，還不止是這些物品。

嗯？你有沒有漏掉了什麼沒提嗎？也許是因為剛才收到的簡訊通知、新聞通知或提醒通知讓你分心？

我們每天動不動就得消化各種資訊，從早到晚的資訊轟炸，要避開根本不可能。其中有多少資訊是與你我有關的呢？哪些是有用資訊？哪些只會浪費時間和精力呢？

我們的大腦是個勤奮的工作者，這卻導致它更難以專注，甚至更容易分心。我們發揮注意力的廣度正在迅速消蝕，於是危機已經來到眼前。年復一年，時間教我們適應。許多人甚至不會發現注意力廣度已經縮減不少，這是因為我們都亟欲關注下一件吸引自己分心的東西，比如簡訊、電子郵件、約會邀請、社群媒體貼文，以及有趣的短片。

「資訊肥胖症」（infobesity）已成為新常態，並且會帶來可怕後果，我用幾個例子來簡單說明：

- **過量的電子郵件**：每天的電子郵件收件匣裡總有各式各樣的訊息，即使大部分的郵件都與我們毫無關係，這些信件仍會前仆後繼地進到信箱，要我們檢視內容並把它們判定為無意義的郵件，然後統統刪除。
- **智慧型手機的提醒通知**：手機一整天都會震動並發出警示音，提醒我們要把它拿起來看一看通知內容。
- **檢視我們的電子設備**：對大部分的人而言，這是每天起床後的第一件事，以及睡前最後一件要做的事。
- **社群媒體串流**：無論是在個人網絡還是工作網絡中，我們害怕遺漏別人分享的最新貼文和更新內容，於是試著定期追蹤每則串流裡的回覆內容，以及相關趣聞分享。
- **24小時不停歇的連線**：當我們睡著時，資訊的流動仍不見休止，所有你想像得到的設備正無時無刻地在傳遞資訊。
- **發送簡訊及訊息**：因為這使我們可即時與他人溝通，以至於大家似乎會無法克制地發送及接收訊息。
- **新聞狂熱**：新聞敘述打破並釋放人們內心的狂熱，促使人們去掩蓋、重覆、重整及探討新聞，並且表達自己的見解，直到這篇新聞成為眾所皆知之事，以及新聞讀者終於厭倦為止。
- **花太多時間在線**：在資訊超載且持續耗費的年代，我們待在線上的時間超過離線時間。

這些事情好似響個不停、無止盡的噪音。當我們讓自己暴露在時時不得鬆懈的環境中，將會導致嚴重的後遺症。在這個隨手

都能取得資訊的時代，我們的注意力廣度變得越來越狹隘且難以掌握，我們過度刺激及過度使用大腦。我們可以做些什麼來適應和控制這種新常態？

▌聽力退化及失神

美國鄉村歌手肯尼‧薛士尼（Kenny Chesney）在一首名叫〈噪音〉（*Noise*）的歌曲中完美詮釋這種常見情況。他用歌詞唱出生活裡有太多資訊噪音，人們沒辦法擁有安靜空間，導致整個社會變得越來越糟。我們並不想過著這樣的生活，可是他人的說話聲還有數位設備都在爭奪你我的注意力，這些東西不斷轟炸，讓我們想逃也逃不了。

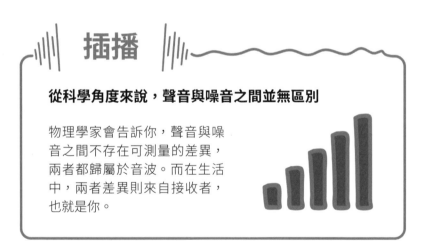

插播

從科學角度來說，聲音與噪音之間並無區別

物理學家會告訴你，聲音與噪音之間不存在可測量的差異，兩者都歸屬於音波。而在生活中，兩者差異則來自接收者，也就是你。

我記得在就讀芝加哥大學時，有位年長的哲學教授每次上台授課時，總要先以慷慨激昂的態度，發表個人對公共事務的看法為開場。他曾警告我們，太大聲的音樂將危害人們的聽力。當時是 1980 年代晚期，手提音響和搖滾樂演唱會正流行，可攜式音樂撥放器也漸漸變得受歡迎，比方說索尼公司（Sony）推出的隨身聽（Walkman）。他十分擔心太大聲的音樂會讓所有人變成聾子。他更嚴厲地補充說，一旦他的擔心成真，受損的聽力將永遠無法復原。

聽力受損與注意力下滑之間，存在一種密切的關聯性。當我們聆聽太大聲的音樂時，音量會調得很高，聲音資訊會不斷刺激我們，注意力廣度也跟著擴大。其實我們都有基本的聽力與心智能力，然而噪音使大家的聽力退化，而資訊超載則使專注力下滑。

這是一場完美風暴。讓我們一起看看這些東西對你我未來的影響。

▍接收資訊管道只增不減

《連線》（Wired）雜誌共同創辦人、同時也是公認的趨勢思想領袖凱文‧凱利，在 1990 年初舉辦世界首場虛擬實境會議。他還在其著作《必然》中，勾勒出我們的未來世界。

他預測，在未來人們擁有的東西會變少，但卻會有更多管道去接觸一切。他寫道：

在未來三十年內，趨勢仍是去物質化、去中心化，同時由平台主導，雲端將持續勢不可擋。只要科技進步，讓通訊和運算的成本下降，這些趨勢必然越來越強勁。這些是網際網路拓展的成果，直到它們擴及全球，成為無處不見的現象。隨著網際網路的深化，實體（matter）將漸漸被智能（intelligence）所取代。

無論你住在世界的哪個地方，每個人都擁有這種管道。其他產業的領袖也提出下列預測：

· 全世界的人們都將可以上網。人們將持續連上網路，且不再需要登入特定串流。
· 汽車將搭載順暢連網功能，讓人們在通勤時能有更多時間上網和通訊，因為在未來汽車將具備自動駕駛功能。
· 一切事物將在線上或透過應用程式去處理，未來在生活各方面（從付款到工作、個人活動及醫療）都將需要存取數位資訊。
· 隱私，將成為唯一需要額外付費才能享有的東西。
· 在未來，資訊將自行找到我們，不再需要花一丁點時間搜尋資訊。

這些預測，有部分已開始成真。

▌注意力廣度將依舊難以捉摸

越來越多資訊彼此爭奪你我的關注。我們會覺得大腦有一種像被分裂成好幾個部分的感受，但卻又有點享受這種分裂感覺。當發現有人在自己的社群媒體上留下評論，或者點讚或分享貼文時，一股獲獎感受就會油然而生。即刻收到某個人在線上的反應，無論是以何種形式（比方說點讚、點擊或分享的動作），都會促使大腦釋放多巴胺，從而讓我們更積極地點選以及滑動頁面。

由於大部分軟體介面都感受不到人性，加上我們會迅速做出反應並切換，你我與其他人之間的溝通也將變得越來越沒有人情味，進而影響對他人的看法及互動方式。人與人之間的互動方式有別於科技，過度使用科技與人互動，會導致我們更難以考慮他人感受。雖然那些電子設備和應用程式會仿效人類的互動方式，但那都不是真的，反而只會形塑出一種錯誤形象，讓我們以為自己有許多朋友，或者人脈很廣。

隨著得消化更多資訊噪音，我們在真實世界的人際互動將會受到負面影響。

當科技開始妨礙你我的生活，人們將更難專心致志地做事。對組織領導者而言，如在執行策略性目標的過程中不斷被打斷、分心以致失神，將阻礙自己持續朝著目標努力下去。如果組織領導者無法迅速達成目標，其他人就可能更快失去興趣並將注意力轉向其他地方。這也是為人父母和師長者要努力解決的難題。

▋大腦將退化為蠻荒之地

這是一場不斷追逐及消化無意義資訊的遊戲。在這場遊戲中，你永遠接近不了具有實質價值的核心，只是不斷消化那些表面資訊。光是花時間迅速閱覽那些訊息的表面，永遠無法讓你得到真正的意義。

就好比整天喝健怡可樂、吃爆米花一樣，你沒有吃下任何有益身體的食物，所以也將漸漸變得虛弱，並且染上疾病。如果我們花大把時間上網或沉迷遊戲和社群媒體，下場就是如此。隨著科技普及化，人們花越來越多時間消化這些空泛資訊，白白浪費大腦能量，導致心智和精神變得空洞。最後，只剩與孤獨感、沮喪感和飢餓感為伍。

心智貧瘠？

漫不經心地消化資訊，長期下來就好比一整天只吃爆米花、喝健怡可樂一樣。雖然會有飽足感，但卻沒有吸收到任何養分。

當我們喪失注意力，分心將使大腦感到分裂，讓我們的思緒變得一片渾沌。我們已經可隨時隨地取得資訊，導致大腦會想辦法「吃點心」，而不是「吃正餐」。因此，要是攝取過多垃圾食物，我們將吃不下那些有價值且重要的東西。

結果，我們很容易失神，不僅無法克制分心，還會養成分心的壞習慣。如此一來，大腦只想用那些空洞資訊來填飽自己。大腦會誤以為自己獲得有意義的資訊，但其實只得到毫無價值的訊息，進而變得越來越笨拙。

插播

如果大腦用噪音來填飽自己，你永遠不會有飽足感

英國知名作家 C.S. 路易斯在其經典著作《納尼亞傳奇：獅子、女巫、魔衣櫥》中曾描寫過一段情節，大意是艾德蒙受到白女巫的誘惑，吃下土耳其軟糖。這是一種具有魔法的點心，艾德蒙對它毫無抗拒之力，就算把它全吃光了仍欲罷不能。資訊噪音也像土耳其軟糖，有令人上癮的效果。

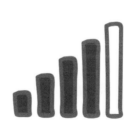

我們的身邊充斥這些有害因素和影響，我們的內心也充滿噪音，這已經成為所有人真實生活的一部分，而且還會傷害自己。想想你是否有過專注力下滑的情況，這就是你的大腦正在面對的危險情況。

本章重點整理

　　無所不在的資訊，就像關不掉的噪音，正在拉開人與人之間的距離，並使我們的注意力廣度不斷縮減。那些毫無意義的資訊塞爆了已經成癮的大腦。

　　不加思索地吸收一切資訊噪音，我們將朝著健忘、失神、腦當機的未來一步步靠近。

Chapter 2 | 每個人都在充耳不聞

　　我們都知道「左耳進，右耳出」的含意，這個說法徹底解釋了「恍神」的發生過程。

　　而這個說法是怎麼來的呢？據傳聞，英國文學之父喬叟於十四世紀晚期，在其長詩《特羅勒斯與克麗西德》（*Troilus and Criseyde*）創用了這種描述方式。

　　原著是古英語，但翻譯的意思大致是這樣：

> 他當時所說的話
> 都是為了幫助朋友，
> 以免自己帶著遺憾死去。
> 雖然說出來會令他痛苦，
> 他也不在意對方會怎麼回答。
> 但是特羅勒斯
> 那天晚上仍帶著遺憾死去，
> 對他講的話根本毫不在意。
> 左耳進，右耳出。

我們都能理解喬叟想表達的意思。

儘管我們都會恍神或刻意忽略某些訊息，但真正的原因則因人而異。

▌恍神的原因有千百種

我想用接下來的可能狀況，簡單說明恍神是怎麼發生的：

- ・「這與我無關。」

  這種反應主要是來自關聯性及無關聯性所致。也就是說，當你認為應該由其他人來接收這項訊息時，你就不需要再繼續注意了。例如你跟孩子在家裡吃晚餐，當告訴他們該收拾碗盤了，你應可預測得到他們會有這種反應。「你顯然不是在跟我說話，所以我沒聽到你的要求。」

- ・「我剛才在發呆，做白日夢去了。」

  突然間你的思緒開始漫遊，聽到的內容可能一瞬間都消失無蹤。此時，你的大腦進入另一個魔法世界。這種狀況會出現在當人們參加冗長的會議時，常常「醒來」後發現自己一個字都沒聽到；或者當飛機播放安全廣播時，乘客通常沒在聽內容，而是在想著其他事。

- ・「我完全不同意。」

  當我們不願意去理解不同的意見或觀點時，便很容易恍神。而且別人越是努力想說服你，你就會越快把耳朵關起來。所

以當政治辯論的討論越來越激動時，觀眾就會容易恍神。

· 「我不明白，這已經超出我的理解力。」

當某個領域的專家卯起來討論細節時，恍神有時候是迫於無奈的選擇。那種感覺就像他們正在說外語，所以你一點都聽不懂。即便想嘗試去聽看看，也只不過是再次證明你無法抓住談話的重點。不妨想像你在高中時已經很努力才讓化學及格，然而現在卻要聽物理學碩士生描述他的博士論文主題。

· 「我不想理會，因為繼續聽下去實在太痛苦了。」

每當我們聽不懂或讀不懂一段內容時，大腦就會受傷，而且那是一種很難忍受的痛苦。這有可能是因為對方對某件事感到困惑，或者在抱怨或批評某件事，也可能只是他說話漫不經心。實際上，這正是時候讓自己的大腦放空，才能遠離對方製造出來的「噪音」。

· 「我都知道了。」

跟什麼都知道的人說話，實在是很枯燥的一件事。你沒辦法展現自己，因為對方總會打斷你的思緒，並接著說你沒講完的句子。他們已經知道所有答案。此時對方已經脅持這段對話，局面已經不由你主導，繼續說下去也是白費力氣，結果變成對方在唱獨角戲。

· 「我剛才在想更重要的事情。」

有時候我們的大腦會不停思索更緊急的事，比方說處理家庭危機、解決複雜的問題，或者規畫一項重要的職涯探索活動，以至於聽不見次要的事情。不妨想像一下當你才剛與老闆結

束約談，這時有任何人想跟你分享上周末做了哪些活動，你都會因為心情鬱悶而無心聆聽。此時的你無法集中注意力，因為無論對方講了什麼，你都左耳進，右耳出。

以上這些情況表示什麼呢？這表示我們的大腦並沒有辦法獲取所有訊息，其背後原因有千百種，而且會因狀況而有所不同。造成恍神的原因太多了，所以我只簡單列出比較常見的狀況。

▌難以留意的 600 字

當我們正與他人談話或閱讀電子郵件時，在大腦裡也正與自己對話。我們交談的主題也許一樣，也可能截然不同。大腦就像在念獨白似地與自己交談，這正是每個人都會遇到的情況。想像一下，當你認為自己聽到的事情很無聊、複雜或跟自己無關時，大腦會有哪些思緒。

我們在培訓中心會傳授一種核心概念，稱為「難以留意的 600 字」，這是我從經驗豐富的溝通專家莎朗・艾里斯（Sharon Ellis）身上學到的。艾里斯提出令我耳目一新的見解，她發現人類大腦每分鐘得處理約 750 個字，然而一般人每分鐘只會說或讀 150 個字左右。所以，我們的大腦正在「超量處理」資訊，每分鐘高達 600 字左右。

當我在解釋這些道理時，我會用接下來的方式做比喻。當人們靈機一動時，即便我們都經歷過那種感受，卻不知靈感從何而來。這就好像是人們本來不知道，但現在終於知道了的感覺。

職場上難以留意的 600 字

750字 心智可處理
— 150字 說話的速度
難以留意的 600 字

午餐要吃什麼？

我聽不懂。

繼續點頭就對了。

他們看起來都很有興趣。

▶ 大腦的思考速度，比說話速度快得多。

艾里斯認為，當我們聽他人說話時，大腦會開始對自己說一些非常具體的事。當我們集中注意力時，大腦會說：「這很重要，我得仔細聽了」「聽起來很有趣」「我剛來的路上是不是看見一隻松鼠？」，或者「中午要吃什麼？」但更多時候，我們只是放空，此時大腦會說：「這話題不適合我」「這我之前都聽過了，真是浪費我的時間」，或者「我根本沒在聽他們講什麼，我已經跟不上這個話題了」。無論大腦講些什麼，這些都屬於「難以留意的 600 字」，而且這是真實發生在大腦的情況，所以必須加以管束。

我們所處理的資訊偶爾會缺乏妥善組織，或者至少大腦會表示「這很難跟上話題」。接著，大腦就會停止思考，也停止發聲了。這可能是因為資訊量太大了，或者資訊的順序不正確，所以顯然要花一些心力來呈現資訊給大腦。

這正是當初我會撰寫《簡潔的力量》的緣故之一，那本書教導人們該如何呈現簡潔扼要的資訊，來占據接收者大腦裡「難以留意的 600 字」，從而使聽眾在正確時候做出正確反應，而且也不容易恍神。

想像一下，你正在開一場視訊會議，可是講話的人開始扯到其他話題。也許那些資訊有「更深一層」的重要性，但因為離題，使得我們的大腦開始說：「嘿，他的話聽起來很難懂，又令人困惑，我已經不知道他講到哪了。也許我應該喝杯咖啡，休息一下。」

讓「難以留意的 600 字」轉移注意力，實在太容易了。

▌不要使用無意義的措辭

這種情況會發生在太愛講專業術語的人身上。列舉我經常聽到的術語:「我們需要改變遊戲規則。」「我們必須賦予企業權力。」「我們必須造成實質影響,並仔細分析結果。」「這些消息會引起連鎖效應,我們必須透露給關鍵利害關係人。」,或者「我們需要推動有機綜效(organic synergy)。」

當使用這些措辭時,會導致對方忽略我們想表達的訊息。從「難以留意的 600 字」角度出發,這些措辭不具吸引力。一旦對方不理睬這些措辭,我們幾乎不可能再次抓住他們的注意力。

硬性推銷和說服對我來說沒用,對你可能也不管用。在我的課堂上,我會傳授這句話:「說給我聽,而不是對我銷售。」沒有人每天一睜開眼就想被推銷、被說服,或者被呼攏。這句話會讓對方立刻停下來,同時讓你的「難以留意的 600 字」進入防禦模式,你會開始尋找對方想表達的重點,從而打消對方念頭。

當你意識到某人正靠近你,打算贏過你、超越你,你的大腦會產生反抗念頭,進而影響聽力和行為舉止。諷刺的是,我們越努力試圖說服對方,對方就越不願傾聽。統計數據顯示,僅僅只有約 3% 的人認為銷售人員值得信任,而且每 10 人中就有 9 人不喜歡銷售人員。這不表示你無法說服人,而是你越努力這麼做,效果就越差,因為觀眾的聽力真的開始萎縮。

我們雙眼所見、雙耳所聽的，大多都是資訊噪音

我們每天消化的資訊大多都是沒有用處的。我們認為有意義、有價值的資訊，絕大多數到最後才發現一點也不重要。我們浪費太多精力聆聽資訊噪音，以至於會誤把它們當成是值得注意的悅耳之聲。

▌我媽曾以為我有聽力問題

我可以舉個親身經歷的故事，來說明過量資訊和資訊噪音對人們的影響。

我來自信奉天主教的大家庭。我家一共有 9 個孩子，而我排名第六。如果你曾有與大家庭相處過的經驗，就能明白喧鬧和混亂是我們的家常便飯。當我還是嬰兒時，母親很擔心我有聽力問題，因為我不像哥哥姊姊們那樣，我不會回應人們的說話聲。

有一天，有位友人來到我家。他是一名醫師，所以母親便向他提起這件事。他問母親，家裡有沒有報紙。雖然當下母親內心充滿疑惑，但還是將報紙遞給他，他拿著報紙走到嬰兒床前，傾身在我的耳

朵旁將報紙揉成團。就在此時，我把頭轉向他。醫師告訴母親，「喬的聽力沒問題，只是這裡太吵了，他已經習慣這裡的噪音了。」

　　訊息超載，就是「噪音」。資訊噪音正在密集轟炸我們，使我們受到負面且永久的影響。有些人也許會覺得自己能接受噪音，甚至已習以為常，但噪音會使我們耳聾並且受到傷害，因此必須找到方法控管，以及減緩噪音的影響。

本章重點整理

　　我們所面臨的最大威脅，來自大腦正遭受資訊的密集轟炸，致使大腦決定關閉。我們隨時可能會分心，結果導致生產力、學習效率及人際關係受到負面影響。對於我們的注意力所在，以及我們有意識或潛意識忽略的事，也都會產生實質影響。

　　注意，資訊超載將會導致危機。

大腦運作，
就像企鵝從冰山上跳下

　　我的朋友查克，是美國空軍空降搜救組（USAF Pararescue Jumpers）的一員。他很有做這行的天賦，而且為人謙虛有禮。這份工作需要他精通各種技能，從格鬥技巧到拯救生命及救援傷患，而且有時需要在極嚴峻困難的環境中執行任務。他需要不斷接受訓練才能繼續從事這項工作，而且必須能在必要時刻回想起關鍵資訊，比方說具體的戰術程序以及複雜的醫療技術。

　　某天他對我說在一次生存訓練中，他學會在雪地鑿雪洞，以度過寒冷的夜晚。還有一次他告訴我，他會使用各式各樣的跳傘設備。為準備好執行下一次任務，以及因應不同任務環境，他必須經常受訓，維持自己對諸多事物的注意力，所以我便想知道他是如何辦到的。

　　他告訴我：「喬，這就像冰山上的企鵝，能一起站在冰山上的企鵝數量有限。每當我學到新知識，一隻圓滾滾的企鵝就會從另一邊滑下去，這就是我的學習模式。」

　　擁有注意、學習，以及再次學習關鍵資訊的能力，是查克得以成功執行每趟任務的關鍵，從而實踐美國空軍空降搜救組的座右銘：「捨己救人」。

我們的大腦沒辦法處理更多事情

增加大腦要處理的資訊,就像讓更多隻企鵝站上冰山。當企鵝(資訊)越來越多,另一端的其他企鵝(資訊)就會被擠開。

▌不停止改變的大腦

我不清楚他自己知不知道,不過他的故事說明,當大腦接收到各種資訊噪音及資訊超載的情況。原來大腦不只會受到資訊噪音影響,還會不斷變化,尤其是對一出生就生活在資訊超載的環境中,大腦在年輕時期格外容易出現改變。

人類大腦平均重達 3 磅(約 1.36 公斤),裡面大約有 1000 億個神經細胞,就好比一台大型電腦。

人類大腦由三大部分組成:大腦、小腦及腦幹。大腦負責控制我們的意識及潛意識以思考、說話及聆聽;腦幹會將資訊傳遞至脊髓,並控制眼睛移動和臉部表情;小腦則負責控制複雜的動作功能,比方

說走路。

　　大腦使我們得以注意並記憶事物，而記憶可分為三種：長期記憶、短期記憶、工作記憶。在這個資訊超載時代，記憶會不停改變，特別是短期記憶和工作記憶。

　　短期記憶與工作記憶密切相關，我們每天都得依靠它們，才能集中注意力去完成工作上的簡報、記住老闆下達的指令、記得幾點該去足球場，以及記住自己把錢包放在哪。這些記憶還會因其他事情而被打斷，比方說簡訊和社群媒體通知，以及各種日常生活會遇到的干擾。

▊ 漸漸老化的工作記憶

　　我想要把討論重點放在工作記憶，因為它就像電腦裡的記憶體。簡單來說，工作記憶也算短期記憶的一種，我們的工作記憶是為了暫存並管理資訊，以利大腦思考、推論及決策，它就像電腦的記憶體，當負荷超過限制時，其效能就會開始衰退。

　　為方便理解，不妨思考一下自己可暫時背下幾組數字。在幾年前，人們還能輕鬆背下許多數字，但現在我們卻得努力記住電話號碼和地址。有研究指出，當注意力被打斷，記憶就會被抹去。人類大腦之所以會有這種功能，是因為祖先在面對即刻的危險時，必須做出戰鬥或逃跑的應急反應。

　　想像你正在使用一台電腦，你開啟多個應用程式，而且每種應用程式都需要使用大量處理能力，可是這台電腦的記憶體無法同時處

理那麼多應用程式，於是處理速度就會變慢。同樣道理，我們需要集中注意力，才能處理腦力活。而干擾就像啟動另一項應用程式，此時為同時處理二件事情或以上，大腦運轉速度就會變慢，進而導致注意力不足。

在職場上，干擾是常有的事。工作經常被打擾，會增加我們完成任務的時間。哥倫比亞廣播公司新聞網（CBS News）曾進行一項研究，發現即便只是被打擾三秒鐘，工作出錯機率是未被打擾的兩倍之多——倍感焦慮的程度也是兩倍。網路作家克莉絲汀‧王（Kristin Wong）曾經報導過，當工作被打擾後，通常要花 25 分鐘才能回到原來的節奏。

幾年前，我曾與瑞典軟體公司認知醫學（Cogmed）的行銷部合作，展開一項深度調查工作，研究人們可透過訓練來恢復受損的工作記憶力。這項計畫和研究工作相當激勵人心，因為將幫助人們找回集中注意力的能力，這也是邁向成功的關鍵技能。

我們身處在電子郵件、簡訊、社群媒體以及新聞都會 24 小時不間斷轟炸的環境中，我們以為只要學會多工就能做完更多事，以為這麼做就能一心多用。我們總是手機不離身，所以每當我們同時做好幾件事時，便很容易受到手機的干擾，注意力和做事效率就會變差。

這些都取決於工作記憶能力的強弱。

可以打擾你一下嗎？

▶ 當注意力被打斷後，得花 25 分鐘才能回到原來的節奏。

▍把大腦當成一台電腦就對了

如果把大腦看成一台電腦，那麼就能明白當有太多資訊需要處理，超過工作記憶的容量時，我們的思緒就會當機。我們會變得健忘，做事效率不彰，那種感覺就像一團迷霧縈繞在腦中。

每當孩子注意到我的手機，他們都會取笑地說：「爸，你看你開了多少應用程式。」而我的回答都是一樣的——我忘了關。我根本沒有察覺到手機已經跑得很慢，有時甚至好像靜止了。所以只要我關掉一些應用程式，手機就會跑得更順暢、更快。而大腦，其實也是同樣道理。

插播

科技反而使我們失去人性

使用電子設備、打開應用程式、提醒通知、電子郵件等，都需要我們立即做出反應並不斷付出注意力，這些東西不只是在利用我們，也正在虐待我們。我們就像奴隸一樣，被毫無靈魂的機器奴役著。

還有另一種方式可衡量我們的工作記憶，那就是背誦一串數字，比方說電話號碼。一般而言，電話號碼會有 9 碼數字，有些國家可能是 10 碼或 11 碼。

有研究發現，我們的工作記憶每次只能記住 7 件事。因此對我那位空軍朋友來說，他的「企鵝」應該成天都從冰山上摔下去。

還記得上一次你背誦一組電話號碼，而不是使用快速回撥、手機通訊錄或撥打紀錄，回撥電話是什麼時候嗎？有沒有發生過當你結識新朋友時，他們才剛告訴你他們的名字，而你卻馬上就想不起來了？

看來現代人越來越依賴科技來替自己管理這些事，可是大腦也變得不堪重負。

過去的我們習慣分分秒秒、聚精會神處理所有細節，儘管這項能力會隨年齡增長而漸漸遲鈍，不過有研究證實，因為大腦已經太常接觸新進資訊，所以要背下一串數字（比方說電話號碼、身分證字號或朋友的住址）就會越來越困難。

我們的注意力，正不斷地衰退中。

▌我們不只是難以集中注意力

我們不只有注意力衰退問題，難以克制分心的衝動也是另一項隱憂。

在《大腦超載時代的思考學》一書中，作者丹尼爾・列維廷所引述的研究指出，一心多用會造成多巴胺成癮的反饋迴路，反而導致注意力無法集中。實際上因為人會不斷尋找新刺激，使大腦分泌多巴

胺，結果導致更容易恍神。

另一種更容易理解的方式就是，請想像當嬰兒在哭時，人們會拿一些帶著笑臉玩偶或物體在他們眼前晃動，就是為了引起嬰兒的注意力，使他們停止哭泣。

曾任英國倫敦一流院校格里辛學院心理系客座教授的葛倫・威爾森（Glenn Wilson），發現一心多用會導致智力分數降低 10 分。他在〈資訊狂熱比大麻更容易損害智力表現〉（Info-mania Dents IQ More Than Marijuana）一文中指出，一心多用會使人們認知能力下降，其影響力比吸食大麻更嚴重。

厄爾・米勒（Earl Miller）是美國麻省理工學院出身的神經科學專家，同時也是分散性注意力的權威，他曾向美國公共廣播電台投書一篇文章，他寫道：「人們很難真正做到（一心多用），即便他們說自己可以一心多用，那不過是在欺騙自己罷了。」

列維廷跟他們的意見一致，他說：「可以肯定的是：經常檢查電子信箱、臉書動態和推特，都會造成神經性成癮。」

久而久之，這些干擾物會使我們難以集中注意力，也會使我們難以花時間深入思考一些事情。

▍已被俘虜的大腦

由於這些干擾源會不停地搶奪大腦的注意力，導致一心多用的陋習難改，也很難提升注意力。有些時候，為了創造受歡迎的社群媒體應用程式及電玩遊戲，那些公司會想辦法設計出能俘虜我們的應用

程式和科技。他們會利用一種由大腦分泌的化學物質：多巴胺。

《今日心理學》雜誌把多巴胺定義為「一種神經傳遞物質，負責控管大腦產生獎勵及愉悅的感受。多巴胺也負責調節我們的肢體動作，以及情緒反應，因此我們不只可看得見獎勵，也能化為實際行動，從而去獲得獎勵」。

愉悅的感受就是來自多巴胺，這種神經傳遞物質也會促使人們對某種事物上癮。行為科學專家蘇珊・威辛克（Susan Weinschenk）便把智慧型手機列為一種「多巴胺迴路」（dopamine loop）。威辛克表示：「當人們已經離不開某種應用程式，多巴胺迴路便會開始運作。你的手指每滑過一張照片、一則新聞頭條或每點擊一條連結，你都在向這個迴路提供更多能量，於是你就會更想繼續這麼做。而且這股衝動很難得到滿足，事實上可能永遠無法感到滿足。」

根據美國精神醫學學會的定義，「成癮」是指過度使用一種物件——這裡指的是網際網路、社群媒體、新聞報導、簡訊等——而導致日常生活、睡眠及人際關係受到影響。數據統計結果相當驚人，有研究指出，有高達 18% 的人已經罹患上網成癮症。

臉書早期創辦人之一西恩・帕克（Sean Parker）曾說過：「鬼才知道這會對大腦做些什麼事情。許多受歡迎的應用程式及遊戲都在利用我們的心理弱點，透過這個反饋迴路——也就是足以成癮的多巴胺反饋迴路——來提供我們短暫的滿足感，進而促使大腦分泌更多多巴胺。」

····{ 值得分享 }··

設計使人上癮
亞當・奧特破解使人上癮的商業模式

　　過去我們提到成癮，說的是抽菸、喝酒和吸毒這類嗜好，現在還出現更棘手的嗜好。智慧型手機、穿戴式裝置、電玩遊戲、社群媒體和網路購物都在以更具破壞力的方式，彼此爭奪甚至搶取我們的注意力。

　　奧特在其著作《欲罷不能》中，教讀者該如何抵擋高科技的致命吸引力。

　　身為行銷學和心理學專家，奧特不只探討這些新一代的嗜好，更揭露背後的商業模式。

　　他說：「科技本身沒有好壞之分，直到企業開始利用科技來刺激大眾消費。他們設計應用程式和平台來活絡人際互動，換句話說，就像商人設計香菸，利用它來養成抽菸的嗜好。」

　　根據他的深度剖析，有六種誘導因素會導致行為成癮，分別是：誘人的目標、難以抗拒的正面回饋、毫不費力的進步、逐漸升級的挑戰、未完成的緊張感，以及令人癡迷的社會互動。

　　他補充說明，儘管科技確實令我們的生活更便利，但科技也十分誘人。

　　他提醒：「我們的生活比以往更加便利，然而便利也使人們難以抵抗誘惑。我們一個月幾乎得花費 100 小時的時間，檢查電子郵件、傳簡訊、打電動、搜尋網路、閱讀網路文章、查詢銀行存款餘額等。以人類平均壽命而言，這些時間相當於 11 年。」

　　他點出行為成癮過程背後的生物學觀點及商業模式，藉此來提醒大家要小心對科技成癮。他用堅定口吻提出強而有力的證據，一旦這些行為成為生活慣例，我們將難以戒除。

小記：奧特的書非常值得一看，因為這本書點出科技如何透過精心設計，吸引我們成癮。

▌你有多常拿起手機？

我們的生活幾乎難以離開智慧型手機。在拿智慧型手機的年輕人中，有 70% 的年輕人平均每小時會看手機 3 次以上；有 22% 的年輕人每過幾分鐘就會看手機。根據美國市調機構 Dscout 的調查，人們平均每天會點擊、滑動手機螢幕的次數達 2617 次，重度使用者更可能高達 5427 次。

如果想找特定族群的人或學生時代的朋友，手機馬上就可達成任務。

人們已然學會靠手機生活，因為人們只懂得使用手機。然而即便是剛接觸智慧型手機的人，也難以克制成天點開螢幕檢查的衝動。

根據科技生活媒體《TechTalk》的調查顯示，有 6% 的人會在太太分娩時檢查公司電子郵件信箱，還有 6% 的人會在參加喪禮時檢查電子郵件！

我在培訓中心也做過一項研究，發現有 70% 的人醒來和睡前都會滑手機。

這裡有五個問題，讓你檢查看看自己是否對手機上癮：

· 我總是手機不離身嗎？

· 即便只是一下子，我可以放下手機嗎？

· 沒用手機時，會感覺到戒斷症狀嗎？

· 我會偷偷地使用手機嗎？

· 當我感到無聊或沮喪時，會使用手機嗎？

把手機交出來！

我們平均每天會滑手機
／點擊螢幕高達 2617
次。重度使用手機者的
頻率更高達 5427 次。

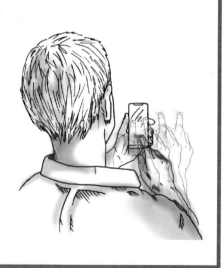

為什麼要問你這些問題？想做好該做的事，關鍵取決於能否集中注意力。舉例來說，假設你在會議中，有個人正跟自己說話，可是因為你心裡在想其他事，所以無法注意聽他在講些什麼。或者假設你在跟家人講電話時，你的眼睛看向窗外，看見一隻鳥正在吃蟲，耳朵沒在聽對方講什麼。又或者，你想集中注意力準備一次重要簡報，可是卻一直起身去做其他事。要是沒能徹底投入做這些事，我們就會做不好，耗費時間也會更長，也會使自己備感疲勞。於公於私，分心都會令人付出慘痛代價。

本章重點整理

以驚人速度迅速消化資訊，會改變並重塑大腦。對科技的依賴正在影響我們的注意力，以及集中注意力的方式，進而改變人類的思考方式。

儘管大腦不斷改變，你我更應謹慎決定該如何保護大腦，以遠離科技成癮的誘惑。

Chapter

4 | 身在資訊毒窟

　　如果各位認為現在已經有太多資訊和裝置、干擾源，造成我們容易恍神，不妨想像一下要是虛擬實境成為人類生活的主要部分之一，會是什麼樣的景況。

　　虛擬實境已經準備就緒，隨時要進入我們的生活。

　　虛擬實境是由電腦模擬出來的立體影像或環境，我們可利用特殊的電子設備，比方說內建一台螢幕的頭戴裝置或一雙有感測器的手套，與這個虛擬出來的影像或環境進行看似真實的物理互動。

　　你根本忘了眼前只不過是一台螢幕，這套裝備正讓你沉浸在虛擬實境當中。

　　市值上百億的公司，如臉書、Google 和微軟已開發出價格合理的虛擬實境技術，還有更多公司也想加入這個市場。頭戴裝置的銷售數量已經超過百萬套，這些虛擬實境技術的頭戴裝置會擋住你的視線，讓你看不見周圍世界，並且讓大腦以為眼前所見的，是一個嶄新的「真實」世界。

　　我並不認為這項科技無一可取之處，事實正好相反。虛擬實境可用在電腦遊戲，也可應用在各領域推廣教育及進行訓練，比

方說運動、醫學和戰爭。虛擬實境會受到歡迎的原因，在於這項科技能帶給我們前所未有的真實感受，這也是其最主要的賣點。

然而，我們得知道虛擬實境會如何影響大腦與科技的互動，也要注意不要上癮，除非懂得適度運用這項科技，否則事情只會惡化。

這是可預見的未來，也是詛咒。

▍訓練和教育將成誘餌

美國史丹佛大學教授傑瑞米‧拜倫森（Jeremy Bailenson）是最頂尖的虛擬實境專家之一。拜倫森也是史丹佛大學虛擬互動實驗室的創始董事。

他認為教育會是虛擬實境的主要應用範圍之一，虛擬實境讓我們從實作中學習，這種學習方法被稱作「體現認知」。比起傳統學習方法，虛擬實境更能彰顯學習效果。比方說，地球科學老師要教導關於火星的章節時，與其觀看火星相關影片或閱讀有關這顆星球的文章，不如讓學生穿上虛擬實境裝置，自己來體驗這顆星球。學生將不只在教室裡學習火星，而是置身火星中上課。

運動員已經利用虛擬實境的頭戴裝置來進行模擬訓練。雖然運動員本身處於虛擬實境中，但運動員的大腦會以為一切都是真的，大腦會認為運動員真的在移動或做動作——朝本壘投擲棒球、進行一場激烈的足球賽等——並創造或再造身臨其景的感覺或壓力感。透過虛擬實境，能創造出無限多種的可能場景。

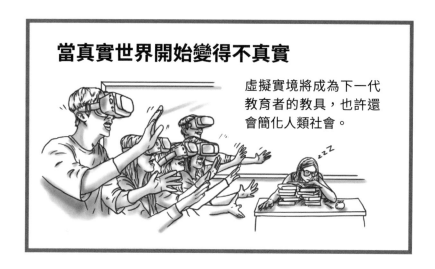

當真實世界開始變得不真實

虛擬實境將成為下一代教育者的教具，也許還會簡化人類社會。

▎影響健康，可能嗎？

然而，醫師和科學家已經開始擔心，虛擬實境有可能會影響健康。

所有虛擬實境的裝置上都會附註警語，建議有孕者、年長者或有特定疾病者，如心臟病、視力異常或其他精神疾病者，應事先諮詢醫師意見。

在享受這項科技帶來的好處前，應先了解其負面效應。

馬汀・班克斯（Martin Banks）在美國加州大學柏克萊分校，負責研究虛擬環境對視力的影響，他觀察到：「它可能延伸許多問題。其中一個問題是會影響我們的眼睛發育，並將導致人們近視。」

已經有證據指出，例如看平板電腦和手機等需要近距離使用眼睛的活動，除了會增加近視的可能性，還會使大腦以為這就是我們所

使用的溝通方式。

從醫學角度研究虛擬實境超過三十年的行為神經學家華特‧格林里夫（Walter Greenleaf）認為：「人們去看、去互動的方式已經不同了，這是因為在虛擬環境中，投影出來的東西也許看似離我們有段距離，然而實際上那些投影距離雙眼不過幾公分而已。」

科學家稱為「視覺輻輳調節衝突」（vergence-accommodation conflict），而且目前還不清楚可能的影響程度。在史丹佛大學虛擬互動實驗室進行研究的格林里夫說：「我們正在作弄自己的大腦，而且還不知道長期下來會有什麼樣的影響。」

諷刺的是，在一次訪談中拜倫森透露除了在實驗室，他本身也會使用虛擬實境科技，不過他只讓 6 歲女兒使用過四次虛擬實境科技，而且每次只有 5 分鐘。

▍凡事有得必有失

為什麼虛擬實境會是一種詛咒？我們已經知道資訊成癮會造成負面效果。我們的生活環境充滿各種資訊噪音，我們的大腦想分散注意力，也想一心多用。虛擬實境就像資訊毒窟，使人得以逃離嚴厲的現實世界，轉身進入一個看似更美好的虛擬世界。

虛擬實境的麻煩在於，它具有令人深深著迷的吸引力。

想像一下，當孩子穿上頭戴裝置並開始寫功課，可是他卻分心做起別的事。這時他的父母什麼忙都幫不上，他們只是站在虛擬世界外面，因為他們以為孩子正在學習。誰會想阻止孩子用新方法學習呢？

虛擬實境懂得如何讓人們離群索居。舉例來說，在 2016 年，臉書創辦人馬克·祖克柏在西班牙巴塞隆納出席三星發表會時，當時台下所有觀眾都戴著虛擬實境頭戴裝置，因此即便他從門口走到講台，也沒有人在看他。

　　後來那張照片猶如病毒似地迅速散播出去。人們看到那張照片時，都覺得虛擬實境體驗反而使人與人之間的關係更遙遠，而非促進共同社交體驗。有位德國記者訪問祖克柏對那張照片的看法，他答道：

　　我覺得新科技總會讓人覺得不安。我常常看到有人會批評新的媒體或科技，認為人們會因此花太多時間注意它們，而犧牲與別人交談的時間，然後人際關係就會變得更疏離。但人類天生是群居動物，所以我的看法是，如果這個新科技無法使人更了解彼此，那麼人們就不會喜歡，這項發明也將宣告失敗。也許你特別喜歡閱讀，我打賭別人曾對你說：「為什麼要看書，而不是直接跟人交談呢？」閱讀是為了讓自己沉浸在另一個人的觀點，對吧？報紙、電話或電視，不都是為了同樣目的。我可以打賭，接下來，就快輪到虛擬實境了。

　　祖克柏的回答很容易找到漏洞，而且他的動機也值得質疑。

　　書籍不會令人成癮，即使閱讀是有趣的事。看電視、講電話（這裡是指打語音電話）和看報紙，都不太容易令人成癮。看報紙比看電視更不容易使人著迷，講電話比用智慧型手機更不容易使人著迷。人們的癮頭從看書到看報紙、看電視、滑手機，接下來我們將會著迷於

虛擬實境。

　　隨著虛擬實境的發展，那些硬體和軟體研發人員也許已經找到能讓所有人著迷的關鍵，也就是：利用虛擬實境離開真實世界，並進入由他人創造的虛擬世界。

　　當人們迷上智慧型手機、網際網路和社群媒體時，虛擬實境已成為可預見的未來，也是一種詛咒，因為大家將得在噪音不絕於耳的環境中生活了。

　　這簡直是個資訊大毒窟。

▌誰能阻止這股發展趨勢？

虛擬實境會從教育方面開始，逐漸成為我們日常生活的一部分。正如現在的孩子會帶著平板電腦和筆記型電腦上課學習，未來他們將戴著頭戴型裝置，在虛擬實境中學習知識。未來學生上學時，他們會逐漸增加待在這個新世界的時間，而減少待在現實世界的時間。他們的父母將無法阻止這股發展趨勢。

半島華德福學校（Waldorf School of the Peninsula）位於矽谷中心位置，這間私人機構提供從學前到高中教育，而且反對使用任何科技設備如智慧型手機或平板電腦。這所學校的學生父母皆來自科技巨擘公司，包含 Google、蘋果及雅虎，所以他們的決定應該足以令我們明白這些科技的危險性。

⑪⑪ 插播 ⑪⑪

一心多用的大腦，就像在閣樓上養了一隻小松鼠

讓自己同時思考並進行太多事時，就像有隻小松鼠可在大腦裡恣意奔跑，於是雞飛狗跳的混亂場面成為常態。還不趕快把門關上，收緊你的注意力，一次只要做一件事就好。

有研究人員甚至懷疑，科技是否真能令孩子學習效率提升。

經濟合作暨發展組織（OECD）的研究發現，即便國家願意花費巨額投資教育方面的資訊與通訊科技，我們也沒觀察到那些國家的表現有所進步。

有些組織已經挺身而出，致力保護孩子擺脫這種連續性成癮。在 2018 年時，蘋果公司的大股東呼籲，公司應協助抑制孩童對智慧型手機入迷，而公司的回應是會加強「家長監督應用」的功能。難道這樣就夠了嗎？

▌大腦版的芹菜

必須弄清楚的是，雖然應用程式、螢幕和科技是透過設計來吸引我們成癮，然而虛擬實境影響大腦和情緒的方式卻不一樣。虛擬實境具有令人入迷的力量，還會使人們離群索居。

虛擬實境會把你隔離起來。當然，我們希望下一代能從新的體驗中學習，不過他們是否能忍得住，克制自己不要花太多時間在虛擬世界？科技公司肯定希望他們著迷，這樣他們才會一整天都待在虛擬世界中玩樂、探索及學習。

他們會在虛擬實境看到什麼？消化什麼？大部分是資訊噪音，就像大腦版的芹菜。因為芹菜的熱量實在太低，光是咀嚼芹菜就已經足以抵銷其本身所含的熱量。正如前一章提到的，我們提供零熱量給大腦，於是心理和情緒才會漸漸營養不良。

每當我要思考沉浸在訊息和娛樂的環境中，會對大腦有什麼影響

時，總會想起英國知名作家C.S.路易斯寫的《獅子、女巫、魔衣櫥》，那是知名系列小說《納尼亞傳奇》的第一冊。其中有位主角名叫艾德蒙・佩文西，因受到白女巫的誘惑而吃下被施有魔法的土耳其軟糖，一種用砂糖和澱粉製成的甜食。

當他一口接一口吃下軟糖時，女王不斷問他許多問題。起初艾德蒙還想著，邊吃東西邊講話是不禮貌的行為，但過不了多久他就忘得一乾二淨，只顧不停地吃下更多土耳其軟糖。他明明已經吃了很多，卻還是非常想吃，壓根沒想到為什麼女王要問他那麼多問題。女王也得知他有哥哥和姐姐，還有一位妹妹，而且妹妹已經來過納尼亞，還遇到法翁（一種半人半羊的精靈），而且除了他們四人之外，沒有人知道納尼亞的存在。當女王聽到他們是四位兄弟姐妹時，似乎特別感興趣地問了許多問題。

本章重點整理

虛擬實境是好，但也十分危險。由於虛擬實境是在哄騙大腦，所以務必要知道一旦成癮後，把自己沉浸在與世隔絕的平台時，會對身心造成什麼樣的影響。

我們必須好好保護自己，不要受到虛擬實境的引誘。保護好你的大腦，也要保護好你對這項科技的觀點。

Part
II

全面的
忽視時代到來

資訊超載已用一種個人的、
固定的方式,持續影響我們。

Chapter

5

當孩子成為繭居族

　　我常跟人們分享撰寫這本書的動機，有些人也會告訴我他們的親身經歷。比方說我的朋友布萊恩告訴我，他的女兒十幾歲時曾罹患憂鬱症，他差點就要失去她了。

　　布萊恩和妻子安娜看似養育了一對模範孩子，他們兒女的表現都比同齡孩子更優秀。孩子在校成績很好，結識許多朋友，也都非常適應校園生活。

　　布萊恩和安娜一直對孩子相當放心，直到小女兒升上國中。莫妮卡開始翹課，拒絕上學，甚至不願起床。

　　焦慮症和憂鬱症同時將她吞沒，那時她的狀況真的很糟。由於她錯過太多堂課，幾乎要被退學，而且她也沒有意願要回到學校上課。她的父母非常無助，於是開始尋找原因。

　　莫妮卡每天都把自己關在房間，什麼事也不做。她不看書，不登入社群媒體，也不看電視。

　　幾乎從一開始出現這些行為，布萊恩和安娜就立刻安排她接受治療，並嘗試各種方法來幫助小女兒。可惜那些治療都沒能見效，他們甚至覺得就快要失去她了。

▍隨時可互動，卻讓人更疏離

出於絕望心情，他們把莫妮卡送去位於美國西北部的一所女校就讀，這間學校專門幫助有成癮問題、行為問題以及其他創傷的女孩。學校實施嚴格規定，在寄宿期間，學生不能使用社群媒體或科技設備，如果有人違反規定就會依校規懲處。

嶄新的學校生活拯救了莫妮卡。她終於擺脫憂鬱症，現在也變得比較有活力、更專注，因為她現在懂得利用規則和策略來控制自己的行為。除非她能打破循環，才有可能回到以前的學校上課。

看來社群媒體是導致她得憂鬱症的主要催化因素。

過去她會「無時無刻」感到有壓力——她得不斷更新動態、發照片、按讚，以及累積登入天數。她無法逃離，就好像整天都在學校上課一樣。她的認同感正來自於每天與同儕的互動。可是諷刺的是，這種隨時隨地的互動，造成人與人之間的疏離。結果，莫妮卡深陷這種可怕循環之中，無止境的焦慮及憂鬱快令她窒息。

上次我跟這位朋友聊起時，他的小女兒就快從寄宿學校回家了。不過在她回歸原本生活之前，她必須擬好個人計畫來處理青春期的各種日常狀況，比方說如果朋友約她出去聚餐，當朋友都透過智慧型手機使用社群媒體時，她該怎麼做。

她該怎麼做才能抵抗使用社群媒體的行為？如果朋友老是在使用社群媒體，她可以怎麼做？她該怎麼說不，並設定界限？

以前莫妮卡總是用社群媒體跟其他人互動、在別人的貼文留言，以及發布自己的貼文。她要每個人都「按讚」她的貼文，所以展現生

活中能吸引他人的一面，但這些都使莫妮卡的壓力超過負荷，導致罹患憂鬱症和焦慮症。

　　她活得十分不開心。當布萊恩和安娜察覺到不對勁時，他們才恍然大悟，她會做出這些行為都是受到父母許可，他們認為現在的青少年都手機不離身，所以莫妮卡這麼做，當然也沒有關係。

▌被嚇壞的家長

　　令家長們擔心的是，不只有莫妮卡遇到困難，其他孩子也經常遇到這類情況。我們已經可以想見，未來與科技的接觸機會只增不減，而家長得更費心保護孩子。

　　以前學生下課後，就可以把課堂裡的焦慮和壓力拋諸腦後。這原本有一道明確的分界線，但現在已不存在。

　　我的兒子告訴我：「爸，我們總是在上課，因為我們還是保持連線，就算在家裡也像在學校一樣。」他說的沒錯，這就是我們的現實生活。

　　留言、按讚、分享和貼文，都讓孩子覺得自己得持續「上線」並被他人認可。讓他們覺得自己老是在上學，是因為這些原因：

- 寫線上功課及透過網路交作業。
- 參與線上討論版，學生必須上線並完成互動，才能完成功課。
- 老師用電子郵件聯絡和發家庭作業。
- 要求閱讀線上書籍和文章。

· 學生依賴筆記型電腦，甚至從小學生就開始使用。
· 無法中斷的線上霸凌情況（即便孩子回到家，也無法逃離校園內的霸凌行為）。
· 其他學校和（或）學生在網路上，對運動隊伍和活動發表負面貼文和辱罵文字。

孩子為何會如此容易對科技成癮，是因為他們的大腦還在發育中。我們都知道，青少年還無法熟練地控制衝動，對同理心也還懵懵懂懂。在青少年時期，大腦有著無比的可塑性，同時也很容易受到環境影響。

神經學家認為，青少年擁有所謂的「過度活躍的風險及回報取捨機制」（hyperactive risk-reward system），這很可能正是造成他們容易對科技成癮的原因。

美國堪薩斯大學心理學教授保羅・阿齊利（Paul Atchley）認為，人們在 20 歲之前，負責幫人們集中注意力及理解人類情緒的大腦部位尚未發育成熟。

阿齊利教授在接受《時代》雜誌訪問時提到：「在十來歲的時候，訓練大腦前額葉皮質不要太容易分心，是很重要的事。我們從研究中發現，年輕人很容易分心，而且對他人的情緒感受較不敏銳。」不過，由於現在的孩子太容易受到這些科技玩意的干擾，訓練他們的大腦想必會相當吃力不討好。

青少年都在家裡忙什麼？

► 漫無目的思考事情，會使我們更容易恍神。

▍被孤立的孩子們

不妨看看周圍，我們可以看到科技使孩子變得更孤立。你肯定見過一群孩子在餐廳或公園裡，卻沒有跟同伴說話，我指的是他們不會有言語互動或眼神接觸。他們總是低著頭，在小螢幕上敏捷地移動手指。

在社群媒體上，大部分的人都只公布正面的事，然而這也導致青少年出現焦慮和憂鬱症狀。

沒人希望自己看起來狀態不佳，或者被他人嘲笑。與其分享青春期遇到的挫折，大家更希望表現積極、正面的樣貌，從而導致青少年，尤其是女孩，會加倍渴望得到他人的接納，要求自己必須「完美」並害怕失敗——你必須跟上同伴的腳步，否則就會被甩在後面。那實在很傷孩子的心。

根據美國衛生及公共服務部的統計，在 2010 年至 2016 年間，曾經經歷至少一次重度抑鬱發作期（major depressive episode）的青少年暴增至 60%，這表示他們憂鬱的程度的確不斷惡化。該部門在 2016 年調查 16000 名孩童，並發現大約有 13%的青少年都曾經歷重度抑鬱期；而相較 2010 年，這個比例只有 8%。

美國疾病管制與預防中心的統計數據指出，介於 10 歲至 19 歲之間的自殺率也正在攀升中，而且青少女的情況更加嚴重。

插播

孩子沉迷於社群媒體，而父母卻看不見孩子正在面臨的危機

你絕對不會讓孩子嘗試吸食毒品，但許多父母卻不會約束孩子上網，也不會監督他們使用網路，以至於不知道孩子有多容易就會對網路成癮。

聖地牙哥州立大學的研究結果發現，比起每天使用智慧型手機或其他電子設備不到 2 小時的孩子，每天花 3 小時或更長時間使用電子設備的孩子之中，不只一次有過輕生念頭（包含感到無助，或認真考慮過輕生）的孩子占了 34%。對於每天使用電子設備超過 5 小時以上的孩子，曾有輕生念頭的孩子更占 48%。

▍這是一種癮嗎？

儘管醫學專家仍在討論，青少年過度使用社群媒體或玩電動遊戲，是否可歸屬為一種成癮，然而他們已經認定過度使用這些東西會對年輕人造成負面影響。

在美國加州薩莫蘭鎮，免疫學家及微生物學家麥可・畢夏普（Michael Bishop）博士專門為介於 10 歲至 18 歲之間，有沉迷電玩遊

戲或科技成癮的青少年舉辦營隊活動。畢夏普博士在接受公共廣播電台訪問時表示，來找他的孩子通常可分為兩大類：一，花太長時間玩電玩遊戲，以至於不懂得社交技巧的孩子，通常是男孩子，而且他們時常會覺得憂鬱或焦慮；二，過度使用社群媒體的孩子，而且大部分都是女孩。

　　這是令人擔心的情況，而且有惡化趨勢。

▌回想一下

- 你的孩子總是在看電子螢幕嗎？當你請孩子離開螢幕並多與你或家人相處時，孩子會抱怨你太小題大作嗎？或者反駁說他們的朋友當時也在線上嗎？他們告訴你自己是在做功課，但你後來發現他們是在打電動或瀏覽社群媒體嗎？
- 你曾注意到孩子不再跟朋友碰面，或者不再邀請朋友來家裡玩？當你詢問原因時，他們會變得激動嗎？他們是不是說自己都在網路上跟朋友一起玩？
- 當你為了讓孩子遠離螢幕而沒收手機或電子設備後，你曾注意到他們開始變得暴躁、激動或孤僻嗎？你曾發現他們會偷偷使用你的手機嗎？或者借用兄弟姊妹的手機嗎？
- 你曾思考過自己使用手機的習慣，會對孩子的行為造成哪些影響嗎？

本章重點整理

　　越來越多青少年容易感到焦慮和憂鬱，而造成這種情況惡化的元凶就是智慧型手機和社群媒體，因為這本來就是為了吸引人們持續使用而誕生的產物。年輕人覺得自己不能停止與電子設備互動，於是把自己隔離起來，遠離能幫助個人、社交及情緒得到健全發展的真實世界。

　　不間斷地與電子設備互動會讓孩子受到不良影響，所以一定要提高警覺，找出實際的方式來保護孩子。

Chapter

6 | 走在單行道上的領導者

　　強納斯沒料到自己居然會失敗。在他的職涯關鍵時期，他本以為這項由他主導的併購案可以圓滿完成。

　　他的前主管寶拉說：「他對雙方當事者的期待抱持錯誤解讀。」寶拉回想當年這個案子的過程，並接著說：「強納斯打從心底相信，他的居中協調及更換管理團隊的決定能讓大家團結一致，並為整合兩家公司而努力。但他實在錯過太多早期警訊了。」

　　這筆交易早在幾年前就已經默默展開，而且有幾位關鍵人物也已經做出大膽決定。當大家確認財務資料沒問題後，他們便急著召開記者會宣布併購條件，並在市場上做一些宣傳。這案子就跟其他併購案一樣，許多人都對合併抱持美好想像，希望能創造雙贏綜效，以及追隨他們的領導團隊繼續向前邁進。

　　但寶拉語帶遺憾地接著說：「當這個消息一公布時，所有事情都只是為了炒作而捏造出來的。當時所有股東都不知道為什麼要進行合併，很多人擔心這根本不是要合併兩間公司，而是透過併購以擊潰另一家公司的既有文化，所以兩邊不可能會合作。」

　　超量的資訊流通以及其創造出來的資訊噪音，摧毀彼此理解的機會，也澆熄可能成功的火苗。

▌資訊源源不絕，反讓大家動力漸失

在公布併購消息後的那幾個月，大量溝通內容都按照強納斯計畫的方式，有系統地發出給所有人。「併購案戰情室」依照他們的策略目標，將大量電子郵件精準發送給所有員工，加上舉辦公司說明會、社群媒體貼文、影片說明以及密集簡訊接連轟炸所有人。更換管理團隊這個決策，按照上述精心製作的程序，一一達成所有關鍵里程碑，不只沒有超出截止日也交出應有成果，他們的完美表現無可挑剔。

然而寶拉說：「強納斯希望一切都透明化，卻與每個人都過度溝通。於是，大家開始有一股被資訊淹沒的感覺。」

會議狂人

職場菁英平均每周花 23 小時開會。

叭啦叭啦……
叭啦叭啦……

儘管許多員工一開始也期待會有一番新氣象，但隨著上層似乎只顧著做單向溝通，加上太多看起來像宣傳話術的說帖，使他們漸漸失去參與的熱忱。

　　該公司資深行銷專員托拜厄斯說：「我不明白哪些是最重要的資訊，還有我應該做些什麼事。我們都有參加會議，也有收到更新的資料，卻不清楚哪些才是該優先處理的事項。雖然公司裡大家都在談論這件事，可是當每次收到新的行動方案時，大家幾乎都會不約而同地抬起頭問隔壁同事：『你看得懂嗎？』而所有人的回答都是：『看不懂！』」

　　這並非托拜厄斯第一次經歷組織重大易動，但即便他擁有多年豐富職場經驗，還是無法釐清那些紛至沓來的訊息。

　　員工不只沒機會在會議上提出想法，反而還被要求花更多時間消化最新資訊，以及說服他們要更努力去跟下屬和跨部門團隊進行溝通。

　　管理層只會從上往下發布命令，將最新消息公告，卻沒有任何檢討反饋機制，也從不調整做事情的方法。

　　「上頭只會不斷下指令。每次開會我總是想要說點什麼，但他們都說所有事都已經處理好了。這反而使我開始擔心，因為過去經驗告訴我，一個成功的併購案絕對不是這樣的。反饋、調整、審核問題，都代表著機會。」托拜厄斯說道。

電子郵件是資訊噪音主要來源

有 51％的人，
只花兩秒打開並
刪除電子郵件。

▎當員工被過量資訊麻痺，怎能成事？

「過度內部溝通，澆熄大家的熱情，」寶拉接著說，「這就像在台上大唱獨角戲，可是台下觀眾卻都是聾人。案子就從此開始越來越惡化。」

當人們花了太多時間開會而沒時間工作，道德成為另一個問題。儘管一直有謠言流出，就算本來就有打算裁員也無濟於事。

受聘來協助推行的顧問珊卓拉說：「一開始的想法沒有錯，看起來也很有道理。只不過他們在進行到一半時讓我加入，我就發現失敗的訊號了。他們收到太多資訊，員工就快被資訊溺斃。雖然他們相信公司已經相當盡力，可是那些不斷傾倒給他們的數字和電子郵件、開不完會、每天不斷加班連周末也不得空，卻沒讓他們感到自己有完

成過哪些工作。」

當員工聽到管理層打算進行組織變動時，他們會感到恐懼、困惑和不信任。強納斯認為讓大家知道更多消息會對情況有幫助，可是他沒發覺自己已經在進行整合兩間公司人員的程序，於是從長遠角度看，成功機會變得遙不可及，反而是資訊噪音聲量越來越高，員工鮮少得到明確指令。結果是那些單向溝通不但沒有促使大家採取行動，反而產生更多單向溝通、討論以及耳語。

「管理層講得越多，就會失去更多員工的注意力，」回顧這一年的整合過程，珊卓拉有感而發地說道。「他們已經很疲倦了，於是開始分心。他們原本的興致和注意力都已經耗盡。」

這不是因為員工不想嘗試理解，他們只是被灌輸過量資訊。

····· { 值得分享 } ·································

高效滅音高手
把最好的自己表現出來吧

企業教練史考特‧佩爾汀（Scott Peltin）的著作《下沉，漂浮，或者成為泳者》（*Sink, Float or Swim*），就是為了幫助職場菁英表現出最優秀一面而寫的書。

佩爾汀的專業在於協助世界各地職場菁英拿出高於水準的表現，他堅信如果我們總是得面對艱難的決策過程，長時間不間斷地集中注意力而沒有時間緩衝，將會出現認知疲乏狀況（他稱為「腦子起霧」），那麼我們就不可能關掉那些噪音。

除此之外，他還警告我們要留意情緒疲勞。

「可能出現最糟糕的情況。而且起因可以是任何事，無論是時差

還是睡眠不足，都足以讓你彷彿坐上情緒雲霄飛車。你不應該坐上去，否則你的情緒就被挾持了。」佩爾汀警告。「一旦坐上這台雲霄飛車，你的大腦會過度運轉，渴望更多噪音，因為這就是它的生存模式。然而在這種生存模式中，任何噪音都會威脅你的生活。」

他與各地的領導者合作，協助他們學習如何持續重新調整自己，進而讓他們恢復狀態並發揮最佳實力。

「不過要幫助他人，得靠我自己先釐清對目標抱持的願景，然後發揮最佳實力，」他說，「否則我只會眼前看到什麼就做什麼。」

小記：他是一位值得我們關注的思想領袖，因為他相當清楚情緒、生理和認知疲乏之間的關聯性，以及這些因素如何使人們更容易受到資訊噪音的影響。

▎回想一下

· 身為領導者的你，當在會議上講話或簡報，頻頻獲得員工點頭認可時，你確定他們是真的同意你嗎？

· 當你提出看法時，有沒有給員工跟自己溝通的機會？或者主要是由你在說，只有你單方面給大家指令？

· 為了不讓員工收到過量資訊，同時為了不過度解釋而使訊息被淹沒，你是否會適度調整要提供給他們的資訊量？

· 你是否有建立程序或制度，讓參與者有機會提出反饋意見？

本章重點整理

　　為促進資訊透明化，過量且不相關的資訊反而會阻礙人們對資訊的理解力，並使他們感到沮喪。正因為這股沮喪感，加上在資訊流通過程中缺乏自主權，人們便不再給予關注。

　　告訴我，而不是向我推銷！讓我也有機會表達意見。你得說清楚**發生了什麼事**？**為什麼會發生**？以及接下來，**你打算怎麼做**？

Chapter

7 │ 公民討論的喪失

瑞貝卡很少在晚上看電視。她下班後通常忙著跟朋友見面、做志工活動，以及上碩士班課程。在某個下雨的周一，瑞貝卡白天參加許多會議和處理工作專案進度，她整天都在使用手機和查看電子郵件，與工作團隊聯絡及接洽新廠商，所以下班後她已經很疲憊。

瑞貝卡暫時不想再碰她的智慧型手機、不想上社群網站或者回訊給朋友，她只想好好放鬆一個晚上。由於白天忙到連手機都不曾放下，讓她覺得這支手機也成為工作一部分，於是今晚她要把手機丟一旁，做點完全不一樣的事，那就是看電視新聞。

▌公民責任

她一打開電視，螢幕上正播出一段政治辯論節目，馬上就抓住她的目光。剛好選舉就快到了，既然身為納稅人，她認為自己也有責任關心一下政治議題。

「我沒有任何政治色彩，」她坦言道，「我對政治當然也有一套見解，但我更想知道其他人的解讀方式。」

第一位上台的候選人名叫保羅，他一開場就對另一名候選人史黛西，以惡毒言語展開人身攻擊。保羅的發言還沒結束，就被史黛西的反擊而中斷了。辯論節目主持人看起來很慌張，頻頻想介入以維持辯論秩序，可就是不管用。

史黛西知道保羅的負面言論，可能使群眾對她的人格有所疑慮，進而有可能導致中間選民，例如瑞貝卡投靠保羅陣營那方。於是，史黛西展開反擊，迅速用犀利言語展現她無所畏懼的態度，挺身對抗這位現任公僕的負面批評。

「他開始攻擊她時，我根本聽不出來他的參選理念是什麼，只知道他的語氣很挑釁，」瑞貝卡一邊回憶一邊說道，「我瞬間明白她被欺負了，不過她也不甘示弱，也犀利地反擊回去。結果場面一發不可收拾，但因為我想了解他們兩人的政策理念，所以我決定不轉台，繼續收看這場辯論節目。」

▎失去聽眾的候選人

在雙方激烈的唇槍舌戰之間，瑞貝卡越來越難跟上他們的邏輯。瑞貝卡開始覺得自己就像一個正在聽雙親吵架的孩子，她越聽越覺得困惑，已經搞不清楚他們為了什麼原因起爭執。她恍神了，她開始注意候選人今天穿了什麼款式的衣服，她開始聽不見他們說的話。兩人辯論戰況不見消停，甚至開始變得荒唐可笑，此時她反而覺得那位主持人講話還挺有趣的。

接下來的 10 分鐘，瑞貝卡眼看那兩位候選人的發言已經參雜太

多個人情緒和觀點，她的態度從原本的尊重及願意傾聽，因為雙方的衝動和彼此干擾發言而逐漸消逝。

「我很努力試著去聽聽他們想說什麼，並試著理解他們提出的議題，可是我的大腦覺得很痛苦，」她承認，「身為電視觀眾，我好像被荼毒一樣。這場辯論讓我覺得難受，根本不可能聽得懂他們想表達的理念，因為他們一直忙著吵贏對方。」

他們已經沒辦法顧及禮貌。尊重成為軟弱的象徵，情緒也凌駕邏輯之上。此時就算大吼大叫，也是被允許的行為。電視裡的候選人和主持人不斷跟對方比大聲，誰都不打算停下來聽聽另一人在講些什麼。認同對方，就表示認輸了。

這整段過程讓瑞貝卡心想，這是否只是一次罕見的激烈意見交

換過程，於是隔天上班時，她跟兩位同事分享昨天電視辯論情況。令瑞貝卡遺憾的是，那兩位同事的政治立場剛好相反，他們沒看到那段很沒禮貌的爭執過程，所以也沒看到各自的支持對象如何攻擊對手，只覺得他們支持的人本來就是天生贏家。

「我只是想閒聊，跟他們分享一下昨天看到的政治辯論節目過程很粗俗，結果我卻打開另一個禁忌話題。」瑞貝卡說道，「他們開始試圖說服彼此，關於他們支持的候選人表現就是比較傑出。他們的反應就跟昨天電視上的情況如出一轍，沒有人想聽聽對方在說些什麼。」

這種意見交流的情況天天在上演。當人們聽到別人有不同意見時，他們的反應不是去傾聽，而是去反駁對方。我們彷彿住在巴別塔裡，在那裡每個人都在說不同語言，我們聽不懂彼此，也找不到相同立足點。於是，一切都變成噪音。

插播

懂得聆聽且不急著表達意見，是難能可貴的能力

想像自己在跟某個人聊天時，對方願意聆聽且不急著給予意見。沒有信誓旦旦的建議，沒有令人情緒緊繃的反對說法，也沒有負面反應，只是靜靜地聽完你的話。跟這樣的人溝通心情會很好，對吧？

沒錯，我們都應該秉持並強勢捍衛自己的道德觀、觀點及意見。然而，當我們不再維持溝通禮儀，就會開始產生問題。我們將立刻把注意力移開，一開口便切斷我們與其他人的溝通渠道。

▍引人注意的選舉宣傳廣播

諷刺的是，某天晚上當瑞貝卡開車回家時，她在車上聽到一則選舉宣傳廣播，吸引了她的注意。廣播內容是這樣說的：

又到選舉季了。同樣是選舉，不同的是你們的投票，將決定誰將成為穆爾郡的新任郡長。各位聽眾晚安，我是約翰。我支持的候選人是史提夫・亞當斯。這次選舉一共有三位優秀男士參選，史提夫比另外二位更棒的地方是：他提出新穎想法。他的想法正是我們這個地方需要的，那就是從商人角度來衡量事情。從現在開始直到選舉那天，你們會開始聽到一些公開消息，所以請不要拒絕接收這些訊息。顯然我們希望郡長能踏實地執法，我們也需要更多節省開銷的方法，這也是政府得更努力的地方。

史提夫・亞當斯正好有許多不錯的計畫。接下來，有人會說史提夫不是警察，他確實不是。但我必須說，負責管理醫院的人不只有醫師才能做到，聯邦調查局局長也不限制只能是探員出身，我還可以舉出更多例子。史提夫未來會請最棒的人才來服務穆爾郡居民，這樣他才有時間傾聽民意，以及幫忙監督我們的納稅錢，以替納稅人省下數百萬，沒錯，節省數百萬。所以，我希望大家

能敞開胸懷，事實上你們不妨打電話給他，跟他聊一聊，我相信你一定會喜歡你即將聽到的內容，然後很可能會跟我一樣支持史提夫·亞當斯成為下一屆郡長。

為什麼她要收聽電台主持人約翰所說的內容呢？首先，他承認每一位候選人都很優秀。第二，他坦言有人可能會因為史提夫不是從政人士，而否定他的參選資格或抱有疑慮。第三，他的講法不會令人覺得固執或強勢。最後一點，約翰清楚表達自己支持史提夫的原因，並分享給聽眾。

最後，瑞貝卡抱持開放態度去了解這位候選人，就是因為在廣播中約翰表現出明確且尊重他人的態度。於是，她用了這段宣傳時間去了解訊息的「本質」，而非只有接受「表面」訊息。

▌回想一下

· 假如你看到或聽到有權威人士或評論家開始爭執，且不尊重彼此的發言時，你會留意到自己開始恍神嗎？

· 假如你看見社群媒體上網友為了某件事吵成一團，但沒有人在認真傾聽他人意見，只管努力逼使他人接納自己的意見，此時你有什麼感覺？

· 你有發現自己只因為別人與你有不同意見而對對方感到憤怒，而不是先去聽看看對方怎麼說嗎？

　　當不認同對方的意見或看法時，我們馬上就會出現分心的反應。對方越是想說服你，越是想糾正你，你就會越快轉換成充耳不聞的模式。

　　在溝通時，雙方都需要有耐心、禮貌以及尊重彼此，要仔細聆聽他人想法，不要急著讓自己分心。

Chapter
8 | **無法專注的職場**

　　馬克是一位很有職場企圖心的年輕軍官上尉。他比同袍更早起，當鬧鐘在清晨 4 點 45 分響起時，他會立刻拿起放在床頭櫃上的智慧型手機，關掉那擾人清夢的鬧鈴程式。

　　他看到有幾封新訊息，他幾乎想也不想地便點開來看。這下他的心情開始變糟，因為女友昨天深夜時分傳訊，抱怨已經到半夜了都還沒看到給她的回覆。

　　他拿著手機從床上坐起，接著檢查手腕上的裝置，想知道昨晚睡眠情況好不好。他點開應用程式，看看昨晚自己在哪段時間是淺眠狀態。

　　他昨晚才花 1 小時清理信箱的收件匣，不過還是發現又收到 30 封與工作相關的電子郵件。儘管有許多郵件要看，但他決定等等再處理。

　　馬克從床邊站起來，換上運動裝去晨跑及鍛鍊體能。他帶著智慧型手機和手腕裝置，以追蹤自己的心率、步數及健身組數。當晨跑時，他會一邊聆聽播放清單的歌曲，一邊找空檔瀏覽一些私人簡訊及工作上的郵件。

　　他實在不知道該寫些什麼來安撫女友，也不知道什麼時候發

簡訊給她比較好，這讓他隨即感受到一股壓力。

待他運動完回到家，一邊吃早餐並一邊使用一種有關營養的應用程式記錄這些食物的卡路里，因為他正在準備參加馬拉松賽事。當他解決早餐同時，會用筆記型電腦閱讀一些新聞網站，然後登入一些社群媒體，看看朋友和家人是否有任何生活狀態的更新。

他發現大學室友周末去了拉斯維加斯開單身派對，這位朋友上傳了很多照片。馬克看到所有參加派對的人都不是認識的人，於是便開始想像假使自己也在場，應該會玩得多麼開心。

他接著瀏覽天氣預報及一些新聞內容。這時候手機收到幾則提醒訊息，不過他沒有點開來看，因為還有其他事情要去做。

▌臨時交付的任務

他完成漱洗後，終於準備出門上班了。時間是早上 6 點 15 分，他接到一通士官長打來的電話，通知他被指派一項任務，要在午餐後向一位國會議員進行簡報。這項臨時交付的任務除了要做簡報，還要馬克親自帶領這位議員參觀他們的機構。

馬克立刻上網搜尋這位議員的背景及相關資訊，並把幾筆連結轉寄給副指揮官，以供對方可以先做點功課。接著馬克開始組織議程，並草擬一份簡報投影片。

工作上的一心多用

▶ 由於我們一心多用，所以大腦才會非常任性地不斷想到另
外一件事。

插播

專心與分心，是我們都會遇到的日常情況

我們無法整天都維持專心，除
了會很疲憊之外，這麼做還不
切實際。為了生存，我們就得
有時專心，有時分心，就像跟
著童謠的韻律做體操。

在開車去上班路上，馬克決定不要打開收音機，可是他的車已
經自動偵測到手機，並繼續播放他的個人播放清單。他心想算了，乾
脆利用這段路程放鬆一下也無妨。

這時候部隊指揮官打電話來了。

他問馬克有沒有收到他的信。馬克一時不察，脫口而出就說自
己還沒收到。指揮官似乎很失望，並開始簡述昨天晚上寄了 3 封郵件
給馬克，本來以為今天早上就能收到回覆。儘管通話時間很短暫，但
是馬克覺得自己搞砸了，因為他漏看了那些訊息。他甚至在想自己晨
跑前，應該要先檢查那些訊息。

當他一抵達辦公室，瞄到信箱已經收到更多電子郵件，還有幾
筆會議邀請信。馬克一邊喝咖啡，一邊登入信箱以接收那些只能透過
安全連線才能閱讀的郵件。信箱裡有超過 20 封未讀郵件，他迅速地
瀏覽一遍後，有一半的信件被他刪掉或忽略。

他知道自己該準備下午的簡報了，他得加快腳步。

▌不斷湧進的任務和電子郵件

指揮官又指派一些任務給馬克，於是他用電腦查詢一些資料，並做了一些筆記。現在他需要發更多電子郵件，才能讓剛才指揮官交辦的事情繼續進行下去。

馬克在上午還有排定一場會議，他要與歐洲的同袍進行一場遠端視訊會議。這是每周固定召開的會議，儘管不想參加這周的會議，但還是需要挪出整整 1 小時的時間，了解團隊在當地的進展和活動。他心想雖然團隊很忙碌，可是沒看見有什麼進展。

這場會議耽擱了不只 1 小時，他也開始分心想著簡報還沒做好，以及還有很多信還沒回。

他感到沮喪，因為他忙得脫不了身，而且進度落後了。

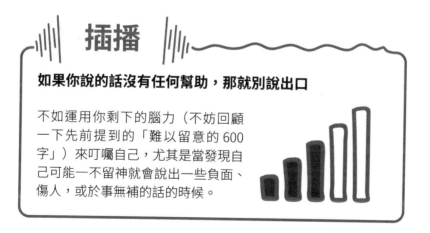

插播

如果你說的話沒有任何幫助，那就別說出口

不如運用你剩下的腦力（不妨回顧一下先前提到的「難以留意的 600 字」）來叮嚀自己，尤其是當發現自己可能一不留神就會說出一些負面、傷人，或於事無補的話的時候。

馬克才剛回到辦公室，士官長就來提醒他要準備給議員的簡報。已經到了午餐時間，不過馬克還無法離開電腦，他還有一半的郵件要回覆，電話也時不時地響起。雖然大部分的電話都無關緊要，但他就是找不到幾分鐘空檔檢查下午的簡報內容。

然後，時間就到了，他得起身去迎接貴客並進行簡報。

在會議室裡，所有人都輕鬆地彼此寒暄，可是馬克卻無法仔細聆聽對方，因為他正擔心投影片的內容不夠齊全，他甚至沒機會先演練一遍。接著議員便入座，同行的人還包括幾位高級官員與隨行人員。

▌流於失焦的會議

馬克馬上打開投影片，朗讀畫面上無數個重點項目。他才講不到幾分鐘，指揮官便打斷他的簡報，並將大家的注意力集中在前幾頁提到的次要項目上。議員也附和指揮官，一起討論該項目的細節，馬克無法讓他們回到簡報的主題上。

原本只是幾分鐘的簡短談話，逐漸演變成 15 分鐘的離題討論。馬克站在一旁，幾次試著把話題引導回來都不見效。時間不停流逝，而他還有好幾頁要講。

終於指揮官讓馬克恢復主導。馬克迫不及待地翻著一頁又一頁的簡報，急促地朗讀一條又一條的重點項目，他只想盡快唸完整份簡報。顯然，沒有人對馬克準備的簡報還有一絲興趣。最後馬克在結尾時說：「請問各位長官有任何問題或指教？」他感覺自己就像在對一群聾啞人士說話。這場簡報不只超時，還錯失了原先的目的。

····· **{ 值得分享 }** ·································

導致 911 事件的噪音
竊竊私語加上極度支離破碎的資訊，讓聽眾都耳聾了

911 事件委員會的報告標題寫得十分坦白：「警報系統的紅燈一直在閃爍。」在事發之前，有大量警告資訊被提報和蒐集，還有許多瑣碎的情資顯示恐攻之可能性，卻反而被視為習以為常的噪音。這些情報可以追溯到事發前好幾個月，遺憾的是大部分警訊都被忽視了。

我們怎麼能低估這些訊息？

根據委員會報告，「其中只有一小部分（的情資）被挑選出來，並向總統和高級官員做簡報。」這些情資變成資訊噪音，而非警訊。這些警訊都被深埋在情資堆底下：

· 美國國家情報委員會（National Intelligence Council）早在事發兩年前，已經提出報告指出「蓋達組織已對美國國土安全，發出最嚴重的恐攻威脅」，並預警他們「可能會讓裝有大量爆裂物的飛機，撞擊五角大廈，或是中央情報局總部，或者攻擊白宮。」
· 在 2001 年 1 月起至 9 月 11 日期間，美國聯邦航空總署曾多次發出警告。
· 聯邦調查局、中央情報局、國務院及國家情報委員會，都不只一次收到威脅報告及警報。
· 同年 6 月，中東媒體半島電視台甚至曾播出一段影片，內容就是關於賓拉登揚言即將攻擊西方世界。

根據 911 事件委員會的報告，「有很高的機率會在近期發動『積

極又駭人』的攻擊」之警告，在事發前已經達到高峰。蓋達組織一直以來似乎都沒打算隱藏其恐攻企圖，甚至大膽宣布已經擬定計畫要進行大肆破壞。還有一份情資報告曾試圖提醒政府應加強注意，該報告警告某件「非常嚴重、極度糟糕」的大事就快要發生。儘管使用最強烈顯眼的標題，如「賓拉登計畫發動引人注目的恐攻」，仍不足以吸引注意力。

小記：當身邊的噪音足以使我們耳聾，我們就會聽不見那些近在眼前的警訊。

　　在馬克送國會議員上車離開時，心裡還在想自己能做些什麼，以挽救這次的報告。

　　他很擔心指揮官和士官長會不滿意他這次的表現。

　　當馬克回到辦公室，收件匣又多出許多郵件，包含一些零碎的通知及執行項目。

　　噪音還沒停止，這一天還沒結束。

　　馬克彈了一下手指，希望能把這些雜事都變不見──顯然這麼做沒有用。

　　雖然不是每天都像這一天一樣混亂，但馬克覺得自己跟不上、也無法好好處理這些干擾、資訊和要求。他很想晉升少校，但這個夢想似乎遙不可及。

▌回想一下

· 你一整天都會透過手機的應用程式、簡訊和電子郵件,不斷連上網路嗎?

· 在私生活和工作領域上,你覺得自己越來越難以跟上所有電子郵件和訊息嗎?你會不會覺得如果讓自己休息一下,就會漏掉資訊?

· 在你的生活環境中,大部分的資訊交換會不會就像噪音那樣,讓你難以聽清楚它們呢?

本章重點整理

當工作時,如果資訊一直進來,不停打斷我們,還要依賴應用程式和科技才能工作,這樣會使我們的一天充滿噪音,更難以把工作做好。

我們可無法一直維持專心致志的狀態!要求自己隨時保持注意力,只會讓工作效率變得更差。

Chapter
9
當父母無所適從

時間是西元 2050 年。

艾瑪和連恩這對夫妻忍不住回想四十年前的童年生活，緬懷他們的成長時光。他們都出生於 2010 年，那是千禧年後生活相對輕鬆與簡單的年代。

某天晚上他們和兩個孩子史黛芬妮和戴文一起坐在客廳，聊起現在與以前的生活已經改變許多。史黛芬妮和戴文已經十幾歲了，他們一聽到父母又提起這個話題，雖然沒忍住翻白眼的衝動，但還是決定假裝沒聽見。

這場罕見的家庭對話，是因為連恩想要引起女兒的注意力，很可惜卻以失敗收場。史黛芬妮正連線到一所虛擬教室，與來自世界各地的同學一起寫作業，她已經在裡頭好幾個小時。

由於連恩沒能把史黛芬妮拉出虛擬教室並回答他的簡短問題，他逐漸提高講話音量。儘管大家都沒在聽，連恩遂開始埋怨自己小時候的生活跟他的孩子很不一樣。他覺得自己的口氣聽起來很像他的父母，即便如此他還是不停嘮叨著現在孩子只注意虛擬世界，而鮮少關注真實世界。

妻子艾瑪聽到他的抱怨後，也決定加入他的行列。

▌懷念以往單純的生活方式

艾瑪開始回憶，在 2025 年時父母老是勸誡她的兄姊，不要花那麼多時間使用「智慧型」手機。當時艾瑪還未滿 10 歲，但還記得父母經常叨念這件事。

「那時我的兄姊還不像我們的小孩，這麼長時間上網連線。連線對於我們來說是很新潮的東西。我們根本不知道科技是如何進入我們的生活，並且對生活造成如此大的影響。」她自嘲地說，「我記得小時候會偶爾使用連線裝置。那時候串流音樂、社群媒體、傳簡訊和網購才剛開始流行。現在換我們當父母了，我真沒想到上網連線竟會使生活變得這麼複雜。」

她還提到在 1980 年代，她的父母，也就是孩子們的祖父母都還曾經歷過聽錄音帶或光碟、使用車上音響才能聽調頻（FM）及調幅（AM）電台節目，只有每周四晚固定坐在電視機前才能觀賞熱門喜劇節目的時代。而且以前的孩子還是開著車子去上駕訓班的。

連恩記得以前的幼稚園生活，是多麼無憂無慮。

「那時候的幼稚園學生哪有智慧型手機，而且上學不是坐父母的車，就是搭校車。」連恩一邊回想一邊說道，「那時候的教室裡有書本和幾台平板電腦，還有老師。我們會聽老師講課、問問題，還會跟同學一起寫功課。」

「那時候，我們還在用紙和印表機呢！」妻子接著他的話說。

被電子科技挾持的家庭生活

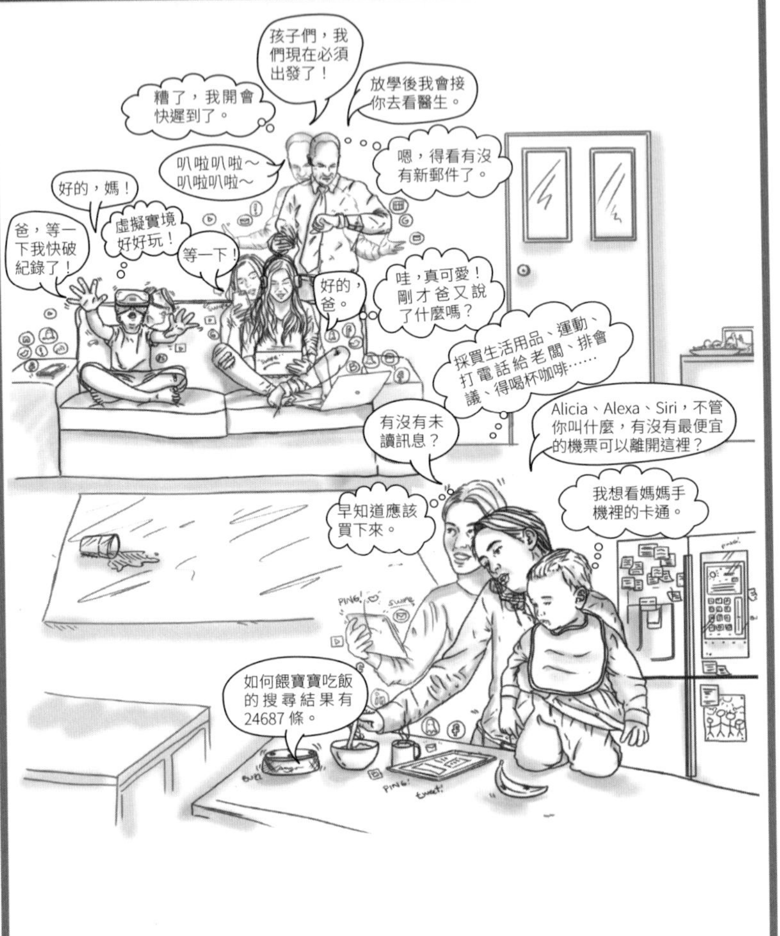

► 當電子設備已經接管家庭，我們該怎麼與家人相處？

▎失去日常互動機會

一整天下來，連恩和艾瑪幾乎沒辦法與孩子有實際的互動。科技已經無孔不入，無論孩子醒著還是睡著，科技幾乎已經取代他們的父母。

連恩和艾瑪覺得他們似乎只剩下替孩子們付錢的功能了。在這個被科技挾持的世界，他們努力想要進入孩子的生活，也想與孩子進行有意義的互動，可是父母與孩子之間彷彿隔著一層打不破的泡泡。於是他們也想知道，過去和現在教養子女的方式已經產生多少變化。

他們甚至無法糾正自己的孩子。面對孩子可能遇到的各種想像得到的情況，父母很難傳授人生智慧給孩子，因為青少年已經有其他管道可取得資訊和建議。現在，幾乎到處都是攝影鏡頭和麥克風。他們已經鮮少在吃飯時間聊天，因為大家都忙著跟手裡的電子裝置互動。

連恩和艾瑪努力讓孩子遠離網路，因為他們不管走到哪都想要上網。

「我們以為只要告訴孩子，這裡沒辦法連 Wi-Fi 就可以了，可是現在哪裡找得到 Wi-Fi 沒訊號的地方。每次提到熱點和手機，孩子就會笑我們。」連恩觀察到。

由於諸多因素，他們似乎已經無法利用度假來遠離網路。其一，孩子們說自己幾乎已經在虛擬實境裡「體驗」過異地風光了。其二，孩子們抱怨自己必須離線，並與父母互動交談。最後，度假比不上新穎又有趣的虛擬世界。

▍當科技無所不在

當戴文陪父母散步時,他意識到父母的對話可能會讓他覺得有些不快,於是他很快別過頭,對著眼鏡眨了幾次眼睛,眼鏡便開始播放一段影片。

戴文的爸爸發現兒子正在看影片,但還不想立刻糾正戴文,因為那只會再次挑起爭執。

「我們以前也會使用科技產品,但可不會戴著它們到處走。我們攜帶手機,但現代人是沒有手機無法生活。我覺得有些人幾乎快把手機植入身體裡。」連恩評論道。

戴文和史黛芬妮可以舉出很多理由來開玩笑,說從他們的父母年輕時到現在,科技已經有了了多大的進步。他們甚至不曾考慮使用「網路」和「科技」這類詞彙,因為對他們來說,那已經是日常生活。他們嘲笑父母有智慧型手機強迫症,因為現在到處都是攝影鏡頭、感測器以及網路連結。

他們嘲笑在父母還年輕的 2020 年,當時的年輕人都沉迷於新一代智慧型手機、傳簡訊和社群網路,可是現在已經不需要那些了。現在到處都有螢幕和感測器,可隨時隨地辨識身分。

「不可能讓他們離線,因為他們一直都保持連線狀態。」艾瑪說,「對他們來說,這就像在呼吸一樣。」

█ 無力對抗的家長

「以前，我的朋友會傳簡訊給女生，問她們能不能跟我們一起去參加舞會。我們要花點功夫才能找到舞伴。」連恩一邊回想一邊說，「現在他們很輕易就能約到對象。以前我還得先制定好行動計畫，但現在只要靠自動配對就行了。這就像好幾百年前的媒妁婚姻，只是現在是由公式計算相配程度，不是由他們的父母。」

連恩在懊悔年輕時的約會糗事，而妻子正一邊努力讓自己不要笑到流淚。她也回想當初第一次參加中學舞會時，所有父母都會站在一起，然後拿出他們的「智慧型」手機拍下相同照片，之後還都會分享到網路上。就連禮車司機都會等到不耐煩，因為基本上拍出來的照片都是一樣的畫面。

這些看起來都是多麼過氣的事情。現在的孩子無論去哪裡，都是由自駕車自動駕駛前往，而且他們會一直被拍下照片和影片——已經不需要親手操作了。

插播

你的大腦正遭受攻擊，快點保護它！

毫無用處的數據不只會爭奪你的注意力，還會轟炸你的大腦。你要保護自己，不要讓大量瑣碎資訊、不必要的干擾，以及適得其反的念頭闖進大腦。

「我記得朋友會開車去上學和運動，他們的父母都會叮嚀開車時不可以看手機。」艾瑪說，「父母都只給我們買二手車，還會擔心我們一邊開車一邊傳訊息。想不到現在的小孩想在哪裡上車、下車，只要提前發出通知就好。現在的車子都是自動駕駛，而且需要事先預約地點，因為全面連網，所以已經不必擔心會因為分心而發生車禍。」

　　當連恩與艾瑪在分享這些有苦也甜的回憶時，他們的孩子一個字也沒聽進去。連恩和艾瑪現在還沒辦法改變這個情況，基本上戴文和史黛芬妮整天都不在他們身邊，而是上網聽音樂、交朋友，只生活在人造的世界中。

　　「如果他們不必吃飯喝水，我們也許永遠看不到他們。」連恩抱怨，「他們的心從來不在這裡，我們根本無法和他們講到話，連學習都是從別的地方，而不是從我們身上。我們總是在想辦法加入他們，但我們很難做到，他們能接觸到太多新奇事物。對孩子們而言，現在的父母看起來多麼無趣，跟那些令人興奮的事物一點關係都搆不上。」

　　艾瑪有感而發地想起，以前爸媽會懲罰她、要她做家事，還會不斷規勸她要遠離網路。她和連恩甚至渴望這樣的相處方式，好讓他們與孩子們互動，可是他們似乎在對抗某種慢慢茁壯的力量，而且那股力量早已占據他們在孩子童年時期的主導地位。

　　「我記得我們以前也很沉迷網路世界，追求最新一代的電子設備，只要有機會就想上網。」她說道，「但我們沒意識到自己和孩子都會上網成癮。我們沒注意到這件事即將發生，而且也不知道該怎麼做，才能減緩這股流行趨勢。」

▌回想一下

- 趁這時候想一想未來科技，以及自己使用科技的方式。你覺得自己一直都在上網嗎？你覺得二十年後的你又會是如何使用科技呢？
- 假如你是家長，你會發現孩子總是在注意他們手上的電子裝置嗎？比起你與父母的互動方式，這些科技有沒有改變你與孩子的溝通方式呢？
- 你有沒有發現自己與家人和朋友交談時，已經很少面對面，大部分是透過數位設備？
- 數位分心導致你的家庭氣氛變質嗎？

本章重點整理

  在未來，父母將與二十四小時不間斷的網路連線競爭，爭奪孩子的注意力。虛擬實境以及其他科技可能威脅家庭結構，暗中破壞家庭關係和互動。

  對於使用流行科技，我們需要特別留意。否則，流行科技將令人成癮又孤立，進而造成家庭與人際關係惡化。

Chapter
10 | 當機上安全宣導成了噪音

飛機上的乘客都感到不可思議。此時窗外還能看得到濃密的黑煙，天空還不斷下著雨。

這架飛機就停在一座小湖旁邊，機身有部分已經燒得焦黑。由於緊急降落緣故，飛機停止的位置已經超過跑道範圍。引擎起火加上起落架故障——罕見的雙重故障情況，使得飛機必須在暴風雨中，被迫降落在只有一條短跑道的小機場。

「所有乘客都生還，這簡直是奇蹟啊。」現場急救人員說，「剛才情況應該很混亂，因為所有乘客都沒有做到他們應該做的事。」

▋當我們忽視真正重要的資訊

有個迫切的飛安問題被關注了很多年，那就是很多飛機乘客都選擇忽視飛行前的機上安全簡報，因為從沒想過意外可能會發生在自己身上。已經有研究揭露這項隱憂，據調查大部分乘客都坦言自己不會理會機上的安全宣導須知。因此，為了對應隱藏風險，航空業嘗試過各種方式：邀請名人拍攝影片、以喜劇形式錄製一段示範影片，甚至是真人實際示範——但乘客就是不理會。

進入發楞狀態

► 我們過度沉溺於使用數位裝置，以至看不清前方風險。

由於天候不佳，當這架飛機在 37000 英尺高空飛行時，其中一台引擎爆炸起火，機身還被燒出一個洞。飛機立刻失去艙壓，使機上乘客暴露在溫度零下且缺氧的空氣中。當氧氣罩落下時，許多乘客都不知道該怎麼辦。很多人差一點就要被吸出機艙外，還好那些坐在機身破洞旁的乘客都有繫上安全帶。

　　後來新聞報導，在機身被炸出破洞時，有不少數位裝置瞬間飛出艙外。

　　當飛機在亂流中下降高度時，機組人員找到附近有座機場可以降落。機艙內的混亂情況逐漸蔓延，雖然空服員努力安撫乘客，但乘客都不理睬。要是乘客不能快點戴上氧氣罩，他們將會出現缺氧症，也就是大腦缺氧，很可能有致命危險。

　　而亂流和間歇落下的閃電，使乘客們的恐慌程度升到最高點。

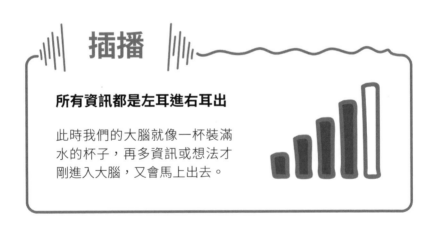

插播

所有資訊都是左耳進右耳出

此時我們的大腦就像一杯裝滿水的杯子，再多資訊或想法才剛進入大腦，又會馬上出去。

▎危急狀態，還是不願聽從指示

「很多人根本沒在仔細聆聽機上安全宣導，所以未正確佩戴或沒戴氧氣罩的人不在少數。」一位乘客說，「他們都在對空服員大吼大叫，或者試著打開手機和筆電想要傳訊息。」

在混亂之際，最先反應過來的是一群退役軍人。他們在機艙幫助所有人正確使用氧氣罩，並且強迫其他人關掉手機以及聽從他們的指令。

「當下我們得立刻訓練大家。」其中一位軍人說。

在接下來的 15 分鐘，飛機逐漸下降高度並接近一座位於小城鎮附近的機場，可是駕駛艙卻在此時發生問題，機師驚訝地發現起落架故障了。在一般情況下，機師會低空飛過跑道，讓地面的救援人員確認輪子是不是真的卡住了。但是由於這次的情況特別危險，機師別無他法只能直接降落在小跑道上。

「機長用機上廣播說飛機的起落架故障了，準備要緊急降落，所以要我們做好防撞姿勢。」一位空服員說，「但乘客這時已經亂成一團。雖然有軍人幫忙我們安撫大家，可是大家反而覺得沒救了，因為飛機得在很糟糕的天候狀況下降落。儘管我們不停告訴乘客該怎麼做，很多人還是想要打手機或簡訊求救，而不是聽從指示。」

聽清楚，否則小命可能不保
居然連攸關生死的內容也能充耳不聞

　　大部分的技術性教育訓練之所以會令人感到痛苦、枯燥乏味又無趣，是由於課程內容過於瑣碎、個人準備不周，以及講師能力不足。

　　某天下午我在主持教育訓練課程，台下學員是一群軍人，我們在討論有關軍事訓練的話題，所以我們一起腦力激盪該怎麼策畫，才能讓軍事訓練更有活力、簡潔，又不失嚴肅。顯然，大多數軍事訓練似乎還達不到這項標準。在自由討論時，其中一位軍官率先發言，他面無表情地說：「我記得在部隊部署前的訓練簡報時，還特別在心中告訴自己：『嘿，你一定要仔細聽那個人在講些什麼，因為如果沒聽清楚，你很可能會死。』可是才過幾秒鐘，我發現自己剛才又恍神了，好像連一個字都沒聽進去。我錯過了整段簡報。」

　　全場哄堂大笑。大家會有這種反應的原因有二，一是他們多少都有類似經驗；二是他們覺得這人這麼容易分心，現在還活著簡直是奇蹟。

　　他的故事讓我當下也愣住了。即便是攸關生死的資訊，人們也會完全沒進到腦海裡，但這有可能嗎？當然我們可以假設，要是本身不是軍人，可能真的全程都沒在注意聽（雖然這也已經是很糟的情況了），可是這位軍人明知道注意這些細節特別重要，還是讓自己左耳進右耳出。

小記：這故事告訴我們，我們總是太天真地認為人們一定會注意聆聽關鍵資訊。

▎分心不只害己，也危及他人

降落難度真的相當高。

受損的飛機快速地在跑道上滑行，部分機身仍在起火燃燒，情況相當嚴峻。

然而，飛機奇蹟似地並未斷裂。

飛機在衝出跑道後終於在湖旁的空地停下，此時大多數乘客開始緊急跳機逃生。

「他們完全都不按照指示行動了。」空服員接著說，「他們全都站起來，拿到隨身行李就往機艙門擠。乘客全都堵在一起，幾乎沒辦法順利離開飛機，因為大家都不知道哪一道艙門才是逃生門。」

當煙霧開始進入機艙時，那些退役軍人要大家維持秩序，以及聽空服員的說明。三位空服員以及十幾位退役軍人，終於讓所有乘客都獲救了。後來當地消防隊到場救火，加上天空持續下雨，才終於撲滅火勢。

「沒人受傷真是萬幸。」其中一位軍人說，「我覺得所有乘客都沒有在注意聆聽機上安全須知。這真的是眾愚現象的展現，大家只顧著搶拿行李，卻罔顧所有人的安危。」

▌回想一下

- 在廣播機上安全須知時，你有發現自己和其他人都分心了嗎？萬一發生緊急情況，你覺得分心會造成哪些影響？
- 當搭乘飛機、火車，或進入擁擠場所時，你會先四處查看一下場地，或者想好遇到緊急狀況時該怎麼做嗎？
- 反思分心可不可能造成更嚴重的風險。

本章重點整理

做白日夢、發呆、分心，或自以為重要資訊事不關己，這些都是很危險的習慣，很可能會影響我們的工作、升遷，甚至人生。

我們該調整自己的聆聽習慣，因為如果繼續抱持「這我以前就聽過了」的態度，可能將導致付出慘痛代價。

Part
III

是時候專注了：
意識管理入門

每個人都該負起責任，

隨時隨地找回專注力。

Chapter

11 | 意識管理入門課

　　管理意識是每個人的責任。

　　集中注意力是需要我們刻意去做的事，所以你肯定聽過有句話叫「全心投入比賽」（Keep your head in the game）。畢竟當我們在恍神的時候，思緒就好比一艘隨波逐流的船。

　　對人們來說，要消耗幾個小時（甚至幾天）的時間並非難事，因為並不需要時時注意所有事情。舉例來說，當開車上班時，我們不會記得自己剛才是怎麼轉彎的，或今天的交通狀況；參加一場冗長會議，卻想不起來會議期間所發生的事情；正在跟某個人講話，卻發現自己完全沒在聽，反而在想自己支持的球隊今晚有沒有比賽；花了好幾個小時滑手機，但實際上不記得剛才看過哪些內容或玩了哪些小遊戲。

　　意識是個看似簡單，卻難以定義的概念。因為意識時常跟一些相近詞彙並用，例如專注力、知識、正念、警覺、啟示、認知、知覺及理解，從而導致我們不容易領會，或誤解意識一詞。

▌照亮前方的路

如前面提到的，注意力是稀缺資源，而且很容易耗盡。

在一間名為 Templafy 的丹麥科技公司中，每位員工平均每天會收到 121 封電子郵件，並發送 40 封電子郵件。工作不斷被打擾會消耗我們的大腦能量。不妨把大腦想像成是裝著燃料的油箱，如果讓大腦不停運轉，就好比開著車到處跑，直到燃料全數耗盡。

從本質上說，意識管理是指有知覺地指揮自己的注意力，就像在黑暗的環境中利用手電筒照亮物品。

要是看不清前方，我們很可能錯過近在眼前的事物。不過只要照清楚並給予明確方向，就能把物品看得一清二楚。所以，不妨把意識想像成登山者的頭燈，登山者就是靠頭燈照亮山徑，才能知道自己該走哪一條路。

概括地說，意識管理的意思好比登山者越刻意想照亮山徑，頭燈的光線就會明顯地指向前方的路。

著名心理學家丹尼爾・高曼在《專注的力量》一書中提到：「主動的專注力是一種從上而下的（大腦）活動，能化解過於僵化的生活模式。我們可以跟別人討論廣告、時常觀察身邊發生的事情、去質疑並試圖改善墨守成規的做事方式。這種專注且多以目標為導向的注意力，能有效阻止我們養成輕易分心的不良習性。」

▌當生活真的變成過眼雲煙

對一些人而言，那些充滿雜念的片刻會積沙成塔，從時刻累積成天數，然後累積成好幾個星期、好幾個月，甚至是好幾年。最後，我們將成為自己人生的唯一乘客——我們的人生只承載自己一人，除此之外別無他人。

我將前往何方？我在做些什麼？想些什麼？

記得好幾年前，我有一位客戶兼友人名叫湯姆，他告訴我以前他曾經是重度毒癮患者。雖然他有段非常黑暗的過去，但還好得到朋友幫助，才能成功克服毒癮及各種難關。

某天我們聊起過去的經歷時，我問他那時候染上毒癮又住在邁阿密橋下的生活是什麼樣的情況。他的故事儼然是現代的成功典範，他現在的生活以及過去的毒癮纏身形成強烈對比，我想知道他是怎麼走過來的。

「跟死人差不多吧。」他說，「有一次我打算去拉丁美洲玩一個月，最後發現自己到了某個不知名的沙灘，但是記不起來旅行期間發生過什麼事情。」

直到現在，每當我想起湯姆的那段黑暗日子，就會忍不住思考要是人們都不去注意生活中發生的事，那麼生活就會真的變成一場過眼雲煙。雖然人在這，但心卻不在。

儘管湯姆是因為毒癮才導致記不太得當時的情況，但是湯姆的情況指出一些與專注力有關，卻未受到足夠關注的問題：**記憶斷片**。當我們不夠用心去關注一些事情時，比方說不認真聽孩子

說話、無視同事或客戶的提醒，或刻意避開關鍵細節來逃避做出重要決定，就很可能低估記憶斷片帶來的威脅。

這麼一來，儘管我們度過了同樣的時間，但卻不算是真正地活著。能夠刻意並有目的地集中注意力，意味著我們更投入在當下，努力創造更有意義的回憶，做事才會更有效率且更有影響力，人生也才更完整。

幾年過後，我的朋友湯姆還在試著回填過去那張記憶白紙。也許很多人跟湯姆一樣，都有屬於自己的成癮分心事物，那麼可以想見他們就會面臨類似命運。

▌大腦就像一顆不斷旋轉的彩球

注意力是需要我們省著使用的稀缺資源。

濫用有限的大腦油箱，會產生很嚴重的能源成本。「付出注意力」（paying attention）意味著當專注於某件事情時，原本的注意力也會隨之減少。可是我們生活的世界充滿各種令人分心的事物，所以一定要有意識地保護自己的注意力資源，想辦法儲蓄自己的注意力。

在我工作的地方，常常會拿「旋轉彩球」來開玩笑，這是因為當電腦螢幕上的滑鼠標變成一顆旋轉彩球時，表示電腦的處理器正在運作，但什麼事也不會發生。如果我們濫用注意力，就好比空轉的輪子，除了旋轉之外一點進展也沒有。

想像一下，假如一整天耗費大量的注意力去消化無用處的資

訊以及思考無益的事。光是白天的活動就已經使我們浪費掉可貴的注意力能量，比方說瀏覽新聞摘要、檢查社群媒體、關注非目前所居住城市的天氣，以及刪除一拖拉庫的電子郵件。

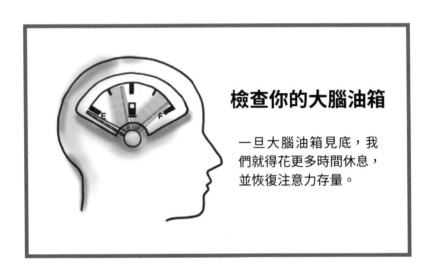

檢查你的大腦油箱

一旦大腦油箱見底，我們就得花更多時間休息，並恢復注意力存量。

　　要是把注意力浪費在無用的事情上，我們就無法發揮效率進行一早的會議，也無法專心處理真正重要且困難的任務。而且當在處理這些重要事務時，會發現自己的心思跑去找那些吸引我們分心的事，於是大腦一整天都在想著雜事。

　　一心多用是我們普遍面對的問題。根據線上學習及教學平台 Udemy Research 所公布的數據，有 70％的人覺得自己在工作時會分心，而且其中 16％的人承認自己幾乎都在分心。有 36％的 Y 世代和 Z 世代的人表示，他們平時會花超過兩個小時使用社群媒體。

我們要做到專心致志，確實有難度。

▍失控的思緒

現在我們已經知道，大腦是一台大型處理器。有些研究發現大腦每分鐘可處理 750 個單字左右，然而我們 1 分鐘能說出或閱讀的單字量只有大約 150 個。

快速計算一下，這表示還有大約 600 個字還「躲藏」在大腦裡。既然大腦尚有這些餘裕能力，我們其實能夠隨時**關注自己的意識**。

這些難以留意的 600 字可以是祝福，也可能是詛咒。

在我的培訓中心，常有課程學員告訴我這個概念徹底翻轉他們的生活。很多人因此開始「聆聽大腦說的話」，藉此有效管理自己的意識。

在本質上，關注「難以留意的 600 字」可以幫助人們自我監控意識，藉此使我們一整天都能有效運用大腦的餘裕能力，去判斷自己是否做出衝動反應、衡量自己是否應該停止關注無關緊要的事，以及讓偏離的思緒回歸正題。

關注「難以留意的 600 字」，就像持續與大腦對話。

假如不關注自己的意識，「難以留意的 600 字」就像一隻小松鼠闖入你家。牠會到處亂跑，大肆破壞你家的閣樓，你抓不到牠，也拿牠沒轍。

假如發現自己有以下思緒時，不妨試著控制它們，不要在大

腦裡亂跑：

關於這個話題，我有話想說。等一下，也許我應該先聽聽看對方怎麼說。

不知道開會期間有沒有新的電子郵件進來？等一下，我應該先把心思放在眼前的會議討論事項上，晚一點再檢查收件匣。

發言者想表達什麼？等一下，我應該先保持客觀，耐心聽他說完。

晚餐要吃什麼？等一下，這跟會議內容無關吧。

我今天有 7 件待辦事項。等一下，我得先把鞋子穿好。

他何時才會講完，並換個話題？等一下，也許他接下來有個好故事要跟我分享。

▎從心神不寧到心無雜念

正念是最近非常熱門的話題，無論是企業領導人、各界名人還是普通民眾，都相當關注正念運動的議題。

儘管我個人認為正念也許會跟其他潮流話題一樣，隨著時間而降溫，不過我認為人們還是會希望自己能更加「關注自己的意識」——也會積極地去做些什麼。

重點在於避免自己盲目浪費心理能量，並把精神放在維持專注力以及保存注意力。專注力的「質」與「量」，是我們需要同時考量的重點。

該如何喚醒並管理自己的意識？一如試圖從沉睡中醒來，維持注意力的最佳方式，就是在時常感到無聊或特別沒勁的生活領域中，讓自己能聽見意識發出的響鈴聲：

- **人際關係**：我會認真去了解身邊的人，或者只是表面上做做樣子？
- **名譽**：大家都認為我是說到做到的人，或者是容易三心二意而時常食言而肥？
- **生產力**：我把時間用在重要的事情上，還是可有可無的小事上呢？做那些事是浪費我的精力嗎？幾乎沒辦法獲得什麼成果嗎？

警鈴聲能喚醒我們對自己的意識，進而使我們更有意志力、有目的性，以及刻意去做某件事。假如總是讓自己的思維進入「螢幕保護程式」，而不去接觸真實生活，那麼你我就不能算是真正活著。

▌注意力的三大分類

「付出注意力」（paying attention）的英文已經表達得很清楚，那就是我們必須知道自己該如何做到專心致志。

注意力可以分為三種：

- 我們選擇集中注意力，這屬於**有方向的注意力**（directed attention）。
- 我們意圖使思緒漫遊，這屬於**無方向的注意力**（undirected attention）。
- 當有人效率低落且鮮少動腦思考，也就是當一個人在浪費自己的精力，這屬於**方向錯誤的注意力**（misdirected attention）。

有幾種方式可簡單區別這三種注意力的差異：

有方向的注意力	無方向的注意力	方向錯誤的注意力
刻意集中注意力	有意讓思緒漫遊	放手讓注意力分散
舉例說明		
從機窗往外看，以決定你要降落的位置	從機窗往外看藍天白雲以及地上景色	從機窗往外看，擔心飛機可能會遇到亂流
類似比喻		
在晚上打開燈閱讀	在晚上留一盞夜燈，以免自己半夜會醒來	即便沒人在家，也要打開家裡所有的燈
風險／報酬		
你可以清楚看見周圍環境	你可以放鬆心情，讓自己準備好迎接靈感	除了浪費時間和能源以外毫無收穫

高曼在《專注的力量》一書中也提到，我們的意識與分心會持續上演拉鋸戰。「在平心靜氣時，思緒飄移與知覺意識會彼此抑制：專注於內在的思緒會使我們忽略感官，彷彿沉浸在美麗的夕陽下，心中只有一片寧靜。但連我們也不知道自己在做些什麼時，那就是心不在焉了。」

▍實踐「意識管理」

想一想那些含有「管理」二字的重要商業活動。

比方說，人力資源管理是為了解決與人力有關的問題，供應鏈管理可促進物流及廠商送貨的效率，危機管理是為了因應突發事件及風險。

除了這裡提到的例子之外，還有許多商業上的領域，必須利用專門的管理技巧來解決各種需求。

在進行任何管理相關活動時，我們會付出時間、資源和注意力，藉此產出正面成果。

這些管理活動歸根究柢就是意識管理，因此只要做到意識管理，就能獲得個人方面及專業領域的成功。

我們可以獲得很好的成就，但要是隨意浪費這可貴的資源，也會承受莫大損失。

····· **{ 值得分享 }** ·············

工程正念：以系統化方式養成正念
幫助大學生建立並實踐目標

　　喬・霍特格利夫（Joe Holtgreive）是一名任教於美國西北大學的工程學系教授，他在二十餘年的任教經驗中發現，當學生處於壓力高峰期時，解決問題的效率尤其低。學生想要在學業及專業領域上有所成就，很大的關鍵取決於在高壓期間還能持續關注課業，同時管理自己的注意力。

　　「經過這幾年下來，顯然在情況特別不明確的時候，我更容易觀察到注意力對學生的影響。」霍特格利夫教授坦言。

　　他強調工程師要很開朗，他們靠著傑出的分析能力來解決困難又複雜的問題。不過他們也是有血有肉的人，在面對壓力時也需要與自己的情緒和直覺抗衡。壓力所引起的自然反應也會影響專注力，進而導致犯錯。

　　他的想法是訓練工程系學生，不只要成為一名成功的工程師，還期許他們在解決問題時能臨危不亂。他與西北大學合作成立個人發展工程辦公室（Engineering Office of Personal Development，EOPD），提倡養成學生的「工程正念」。

　　他認為「工程正念」，是能有助學生活在當下的一種注意力特質。他希望成立這個辦公室來發展不同的機制和結構，以幫助學生培養這些關鍵的工程師技能。

　　他和同事教導學生在面對困難且緊急的問題時，不要逼迫自己「僵持」注意力，而是要遠離令人分心的事物，從而專注手中的問題。在 EOPD，他們與業界頂尖公司合作提供學習工作坊，也規畫了多樣化的課程，包含情商、正念，甚至是舞蹈和即興喜劇技巧等。「把握當下，是我們彰顯自我的唯一機會，所以關鍵是到底該如何彰顯自

己。」霍特格利夫教授說道，「能幫助學生找到他們當下所擁有的力量，是我的榮幸和驕傲。」

小記：霍特格利夫教授的計畫很值得注意，因為這項課程已經培育出「全能」的工程師，也就是擁有即戰力的人材。

▌不管理意識，會是什麼情況？

我經常讓資訊噪音磨耗我的注意力。也許是上網好幾個小時、過度關注某個與正題無關的評論，或者浪費精力擔心無關緊要的事。

無論如何，當我不好好管理自己的意識時，我都付出相當大的代價。

以下提供我自己的「注意力危險清單」，以說明當無意間關注身邊的資訊噪音時，可能會經受哪些影響：

- ‧浪費時間
- ‧瞎操心
- ‧不專心
- ‧遺漏線索
- ‧混亂感
- ‧判斷錯誤
- ‧行事衝動

- 反應不及
- 心理疲勞
- 目光短淺

　　我還可以列出更多風險。各位不妨花一些時間想想看，假如沒有習慣一整天管理自己的思緒，可能會面對的風險有哪些？

　　假如讓自己專注在太多的資訊噪音，會得到什麼？正如我在前面章節提到的，要是我們消化太多無益處的資訊噪音，那就像是「只給大腦吃芹菜」，我們的大腦無法獲得足夠熱量，於是大腦就會營養不良。

　　如果我們不做思考，大腦就會變得虛弱。

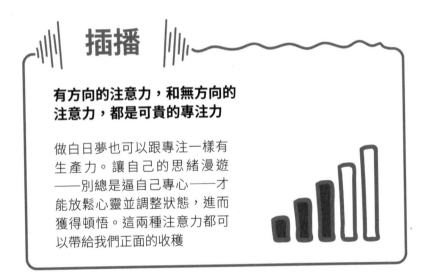

插播

有方向的注意力，和無方向的注意力，都是可貴的專注力

做白日夢也可以跟專注一樣有生產力。讓自己的思緒漫遊——別總是逼自己專心——才能放鬆心靈並調整狀態，進而獲得頓悟。這兩種注意力都可以帶給我們正面的收穫

就像調整收音機的電台頻道，我們可以創造個人的預設按鈕，在平時練習管理意識。

我會在接下來的章節，利用以下預設按鈕，幫助你成為自己的意識管理大師：

・著眼於「關鍵」
・勇於說「不」
・欣然接受「寧靜時刻」
・發揮「即刻聆聽」的才能

▌回想一下

・你是否察覺到自己早上醒來的第一件事，是打開手機查看電子郵件、新聞，以及社群媒體？
・你會覺得只要自己一不留神，就會開始想著無關緊要的事？
・在日常生活中，你會覺得有些時候應該更刻意管理思緒，好幫助磨練專注力？

本章重點整理

我們時不時都要觀察自己的意識，才能避免分心而導致虛度時光或做事沒效率，並集中注意力處理眼前的任務。我們要知道雜念會對大腦造成哪些負面影響，也要懂得讓思緒刻意漫遊，以探索及釋放新的點子、情感和連結關係。

練習管理意識，避免讓多餘想法和行為耗損大腦能量。

設立目標：
聚焦在最重要的事

在這一章，我希望各位讀者要特別注意「最」這個字。現在什麼事情對你來說是「最」重要的？不是所有事中「較」重要的事，而是其中「最」值得關注的事——也就，最首要、最高級、最大量、最主要、最重大、最優先的意思，而那就是我們必須瞄準的靶心。

洋基傳奇球員尤吉・貝拉曾說過一句名言：「如果你不知道目的地在哪裡，你就不可能到達得了。」不妨思索一下這段有趣的句子，或許你也會開始仔細考慮該如何設定工作，或家庭目標的優先順序。

你知道自己的優先目標是什麼嗎？那些優先目標是否切合實際？你有沒有想要做到某件事，可是卻好像難以達成？你發現或注意到有哪些事會阻撓自己實現優先目標嗎？

對很多人而言，這就好比一趟沒有明確目的地的旅行（也就是沒有計畫要去哪個地方、住宿飯店或者景點等），你的大腦就只是朝著大方向前進而已。

等之後回過頭看，才會看到自己沒有到達想去的地方，這段過程都只是浪費精力和時間罷了。生在這個訊息超載且充滿干擾

的時代，我們的生活會經歷很多曲折迂迴，甚至大多時候都沒發現自己只是在原地打轉。

除非我們聚焦在最重要的目標，否則將難以到達目的地。

▎精簡主義者與非精簡主義者

商業作家葛瑞格‧麥基昂在其暢銷著作《少，但是更好》提出，想要擺脫過重的負擔，將生活化繁為簡是有效的做法。他鼓勵人們要當個精簡主義者，而那些背負過量負擔的人，都是非精簡主義者。

精簡主義者會專注在少數重要的事情上；而非精簡主義者會讓他人或其他事情來決定目標優先順序，並同時追逐許多事情。兩者差異顯而易見：

精簡主義者	非精簡主義者
少	多
有紀律	混亂
簡潔	拖泥帶水
時常說「不」	總是說「好」
狙擊槍	散彈槍
肯定	混淆
找到寧靜	內心充滿噪音

麥基昂在書中坦言：「不只是選擇的數量以倍數增加，影響我們決策的外在力量強度和來源也隨之倍增。」

▍關掉震耳欲聾的噪音

我們的生活越來越多采多姿，使得內心好比有蒐集癖的衣櫃、地下室或臥室，裡面總是塞滿沒什麼用處的瑣碎資訊。我們總是被看似重要的事情吸引注意力，可是後來才發現那些事根本不值得關注。

不只如此，我們有很多事情要做決定，比方說上網租一部電影，我們得從成千上萬部電影中挑選其一；要去雜貨店買義大利麵條和醬汁，那裡少說也有十幾種選擇；想要從應用程式商店購買一套遊戲，多到數不清的遊戲可讓我們花好幾個小時也瀏覽不完。要是沒辦法過濾哪些是好的選項，以及哪些選項該盡量避免，那麼這些選項將會使我們暈頭轉向。

警告：過量資訊對大腦有害

※TMI，是過量資訊（Too Much Information）的英文縮寫

對於我們面對過多選擇，在科技新聞網站 techdirt.com 的影音串流平台上有篇文章提到：「根據德勤眾信（Deloitte）年度數位媒體趨勢調查第十三版的統計結果，在美國有將近一半（高達47%）的消費者表示，有太多訂閱選項和服務內容都需要他們關注，才能分辨是否符合需求，因此使他們感到沮喪。負責監督這項調查的德勤眾信副執行長，同時也是德勤美國電信、媒體及娛樂業務主管的凱文・韋斯科特（Kevin Westcott）說：『儘管消費者希望在某個程度上能做選擇，可是我們也許已經進入『訂閱疲勞』時代。』」

我們的精力和時間持續流失，就像從指縫間流走的水。所有事物都在爭奪我們的注意力，儘管它們看起來都很重要，然而真正重要的卻屈指可數。持續升溫的噪音程度會徹底影響你我的生活，我們會覺得自己每天就像一個轉個不停的陀螺，一刻也不得放鬆。

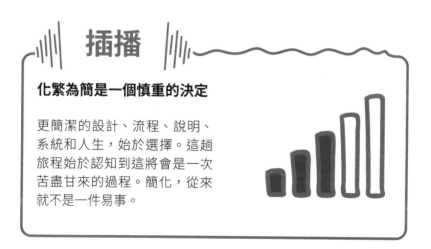

插播

化繁為簡是一個慎重的決定

更簡潔的設計、流程、說明、系統和人生，始於選擇。這趟旅程始於認知到這將會是一次苦盡甘來的過程。簡化，從來就不是一件易事。

█ 缺乏重點的日常例行

史提夫是兩個孩子的父親，也擔任一家公司的中階主管，整天的時間都在忙著處理瑣碎、卻缺乏重點的日常例行。

一早醒來，史提夫會立刻查看手機，他會瀏覽多個電子郵件帳號，查詢天氣、股市、新聞、社群媒體，以及體壇消息。他熟練地操作著手中的智慧型手機，在短短幾秒間點擊並滑動螢幕好幾次。

與此同時，他的大腦正嗡嗡作響。無論史提夫在通勤、開會還是回家路上，都不曾停止動腦。

一踏進家門，他變得焦慮又無法專注，與他的家庭生活步調不同。他無法靜下心來跟妻子說話，還在心裡抱怨她應該要更快說重點才對。

當他陪孩子寫功課時，他的內心便開始了另一場對戰，他一邊試著專心教孩子功課，另一邊查看手機、電子郵件和社群媒體。各種令人分心的事務，加上史提夫持續一心多用以及分散注意力，成為他的日常生活型態。

後來，史提夫和家人去山區度假一周。由於度假地點偏遠，高科技電子產品在那邊收不到訊號，而且身處在美麗的大自然環境之中，也不適合繼續拿著高科技產品不放。

七天時間飛快地過去。史提夫帶著快樂、寧靜且安穩的心情回到工作崗位。他不再讓自己像隻在滾輪上跑步的小白鼠，也開始限制自己使用手機的時間。

史提夫的家人和同事都開始發現他變得不一樣了。他更懂得傾聽，也會放慢速度，於是他能完成更多事情，以及關心當下發生的事。

▎保持簡單

有句智慧格言說：少即是美（Less is more）。

在這個選項過剩時代，那些選擇會輕易地淹沒甚至永遠麻痺我們。我們每天都會使用社群媒體和高科技電子產品，除此之外，還會面對各種可能的選擇，比方說投資、衣著、大學、沙拉醬、商業策略，以及度假地點。《紐約時報》曾刊登一篇主題是關於面對太多選擇所導致的麻痺效果的文章，作者是《紐約時報》專欄作家雅莉娜・圖根德（Alina Tugend），她寫道：「面對過剩選項，一旦當我們真正下決定後，更多的情況是我們感覺自己變得更不滿足，而不是帶來滿足感。我們時常會覺得自己應該要做得更好。」

由於決策變得更困難，進而使我們的專注力面臨前所未有的壓力。

伯納德・蒙哥馬利將軍（General Bernard Montgomery）是諾曼第登陸作戰的總指揮官，由他手寫長達一頁的指令，來調度指揮 1944 年 6 月 6 日超過 15 萬 6000 個裝甲排的登陸方式。就在那份指令下方，將軍親自寫下「精簡」（simplicity）二字，還加上三條底線強調。

精簡，是諾曼第登陸成功的關鍵。在這個極其複雜的軍事行動中，指揮官和部隊都發揮出令人欽佩的專注力。

極簡主義運動已然在我們的文化生根，這項運動使我們只需使用必要物品就能應付日常生活。千禧世代的人們很快就接納這項運動。

太多選項

在日常的生活中，無數的選項是資訊噪音主要來源。無論是去雜貨店採買、在線上觀賞影片、聆聽串流音樂、選擇汽車或飛機班次，為了做出最棒決定，所有人的大腦被這些選項壓得喘不過氣。

正如極簡生活方式部落格 becomingminimalist.com 提到的，當今美國人擁有的東西實在太多了，大部分房子裡的電視機數量比一個家庭人口數還要多，而且消費的有形產品比起五十年前增加超過 50%。

近藤麻理惠的「怦然心動整理法」
令人怦然心動的整理魔法

誰不是對春季大掃除又愛又怕呢？趁著大掃除整頓一番，清理角落的蜘蛛網、清除囤積的雜物，還可讓心緒得到平靜。

這正是為什麼近藤麻里惠的書《怦然心動的人生整理魔法》會轟動全世界。這本書成為《紐約時報》暢銷書之一，並且已經賣出上百萬本。

人們渴望有那麼一套做法，能教會他們整理自己的人生。每個人的人生多多少少都累積一些需要整理的事物。

近藤的方法——怦然心動整理法，是「從丟棄開始，然後一口氣完成空間整理。」她建議「透過觸碰每一件物品，同時捫心自問是否感覺到怦然心動，接著以這種感覺為基礎，判斷物品的去留」，因為近藤賦予自己的使命就是透過收納整理，讓這個世界能令所有人感到「怦然心動」。她認為許多人擁有太多東西，與其增加持有，更重要的是懂得割捨。

她的建議不只創生出整齊的抽屜，還能令生活更自在平衡，她發現：「一旦知道事情最終都會解決，生活就會變得簡單，即便已經沒有一些東西。」整理會帶來自信心，幫我們做出更棒的決定。

衝動、便利和一定的經濟能力，導致我們在不知不覺中囤積太多物品，而且那些多餘物品無法使生活品質有所提升。

除此之外，不會整理也將使已經忙到不得閒的大腦陷入混亂之中。不只物理空間需要整理，也需要對內心施以整理魔法。

小記：近藤麻理惠的最暢銷著作，幫助我們對空間施以斷捨離的整理魔法，藉此關掉大腦裡的噪音，以及周遭的干擾訊號。

▋聚精會神的小技巧

狙擊手有別於一般軍人，他們的存在是為了更重要的目的。他們接受高強度的訓練，來鍛鍊專注力、耐力和精準度。我所認識的狙擊手都是菁英中的菁英，可是他們都非常願意公開分享狙擊的技術。他們信奉的格言便是：「瞄準的地方越小，即使射偏也相去不遠。」

意思是當他們透過瞄準鏡挑選目標時，會刻意瞄準比目標物更小的標的（比方說目標物的邊緣、鈕扣，或者更小的部分）。基本概念是即便射偏了幾公分，依然會擊中目標。

同樣道理，對於我們的日常活動和例行事務，也需要瞄準更小的靶心。

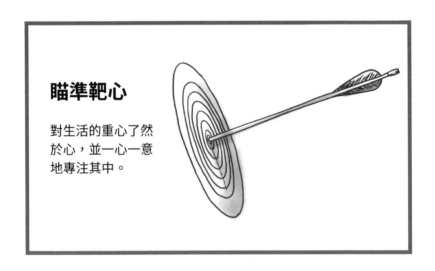

瞄準靶心

對生活的重心了然於心，並一心一意地專注其中。

接下來有五個方法，可幫助我們瞄準並安排生活要事的優先順序。此外，我還加上個人的想法，來說明那些有可能阻礙你的理由（objections）、接下來的行動（actions）以及結果（results），簡稱「OAR」（英文意思是船槳），簡單來說就是：讓自己朝著正確方向「划行」。

▲ **方法一：前往寧靜的靜修之地。** 沉思能讓內心恢復平靜與寧靜，然後我們才能深入內心去探索對自己來說最重要的事。以我個人而言，每年一次的靜修能夠鼓舞我的心情，所以我每年都會堅持這麼做。為期三天的沉澱之旅會在星期五開始，儘管這個時間點看似令人難以忍受，不過一旦我在星期日下午結束靜修後，心情就像結帳時收到折扣碼那般雀躍。在靜修期間，我會讓自己潛心沉思，藉此設立更遠大的目標、評估我這一生的夢想，並且重新啟動自我。

　　· **阻礙的理由：** 我很忙；晚點再說吧；這個方法對我不管用。

　　· **接下來的行動：** 騰出時間；閉關一個周末；在不仰賴科技產品前提下，提前一小時起床。

　　· **結果：** 傾聽耳邊傳來的聲音，休息一下，感受內在的平靜。

▲ **方法二：寫下來。** 愛爾蘭喜劇演員哈爾·羅奇（Hal Roach）每次講完一則笑話後，總是會接著說：「寫下來！快點寫下來！」為了避免忘記，訣竅就是把目標寫下來。知名商業教練大衛·艾倫是生產力領域專家，著有暢銷書《搞定！》，他認為寫下來的文字，可幫助我們釐清哪些

事是重要的，或者哪些應該拋下。

- ·阻礙的理由：反正明天又不一樣了；我的目標是由老闆或某個重要人物設定的；我不愛替自己設限。

- ·接下來的行動：請教練或導師，協助自己勾勒願景；買一包便利貼，寫下心中的目標，把紙條貼在可常看見的地方。

- ·結果：決定參加特定課程，藉此獲得足以直接指揮自己的力量。

▲ **方法三：先與自己立約，然後公告周知。**人類是社交動物，設定優先次序有助我們跨越個人框架。我們的目標和夢想不僅會影響自身，也會用數不盡的方式影響他人。當我們專注在少數事情上時，周遭的同事、朋友、孩子和客戶都會感受得到自己的決心和使命感。也就是說，將計畫公告周知，可簡化我們的生活。畢竟，大家都不懂讀心術。

- ·阻礙的理由：如果我改變計畫，就會失去信用；這屬於我的私領域；我不想和別人分享我的計畫。

- ·接下來的行動：製作一份簡短的「安全名單」，寫下你願意和哪些人分享計畫；擬定時間向安全名單上的人公布你的目標；請他們幫忙讓更多人知道你的計畫。

- ·結果：你身邊的人可以幫助你負起責任並給予支持。

▲ **方法四：衡量我們與目標之間的距離，時間和空間都必須納入考量。**你的目標不應該是遙不可及的夢想。為了實現目標，我們必須站穩腳步，然後用時間和空間朝目標前進。

這表示我們會不時改變時程計畫，還要想辦法跨越有礙進度的障礙。

- ·**阻礙的理由**：我不擅長規畫；我的行程常會變動；我的意志力薄弱。
- ·**接下來的行動**：閱讀艾倫寫的《搞定！》；回顧你的行事曆和過去的閉關時間；在公司或家裡騰出空間，回顧自己的進度。
- ·**結果**：擁有更堅定的意念與意志力。

▲ **方法五：捨棄**。找出不再使用也不需要的東西，並丟進垃圾桶。導致雜亂的方式有很多，所以必須培養習慣和意志力，捨棄多餘東西，畢竟它們可不會自動自發離開你。

- ·**阻礙的理由**：哪天也許用得到；我花了很多錢才買到。
- ·**接下來的行動**：找出很久沒穿的鞋子或衣服，並捐給慈善機構。刪除手機裡六個月內都沒使用到的應用程式。
- ·**結果**：做一次大掃除，你會發現自己漸漸愛上極簡生活。

▌刻意極簡，並不複雜

正如美國前總統雷根說的：「解答不容易，可是一定有簡潔的答案。」我們往往會把自己的生活複雜化。我先自首，也許你也和我一樣。

我們的生活有太多事需要應付：工作、家庭、財務、科技、宗教、各種活動、期望、車子、娛樂、嗜好、閒言閒語、運動、

購物、應用程式、新聞、食物、威脅、戲劇、大小事、截止期限、通勤、會議、健康、個人形象、運動、音樂等。清單很長，複雜又混亂的可能性很高。

哪一個是真正重要的？絕對不會是其中的 50 件事。也許只有 5 件——或更少的事才是真正重要的。

我會根據情況，在便利貼寫下「待完成」目標，只有簡短幾個字卻對我很有幫助。我會把紙條貼在書桌上或浴室鏡子上，讓我看見紙條後就能提醒自己，這麼一來我就能排除掉圍繞在那些目標周圍的雜事。

這些便利貼迫使我設定精簡的目標，而不是目標清單。我會在辦公桌、冰箱或浴室看見這些便利貼，它們會有意無意地提醒我哪些是真正重要的事。

正念專家喬‧卡巴金博士曾說過：「自願精簡，意味著在一天之中少去一些地方。少看，才能看得仔細；少做，才能做得踏實；少些獲得，才能擁有更多。」

當我們要管理的事越少，我們才能得到更多收穫。

想像自己就像一台機器，如果這台機器有越多零件，某個零件壞掉需要修理的機率就會越高。

有段精闢見解，來自一本我手邊時常翻閱的書：《英文寫作聖經》。本書作者威廉‧史壯克，利用實例教導人們英文寫作技巧。這本書裡有一項寫作技巧，激發我撰寫此書的靈感：「刪除贅字」。

句子裡不該有贅字，段落裡不該有冗句，正如畫裡不該有多

餘線條，機器裡不該有多餘零件。

有道理！

在我們的生活中，只有少數事情是必要的。

然而矛盾的是，我們要先付出，才會有回報。我們要當給予者，還是索取者？我們是否擁有的東西太多──已經不想穿的舊靴子、在缺乏意義的會議上多講一個字、不停地滑手機，或者屈服於誘人分心的事物。

就像迪士尼動畫《冰雪奇緣》的那首歌：「放手吧，放手吧～」（Let it go, let it go ～）

▎回想一下

· 回想一下自己對於工作或家庭的優先順序。你一共有幾個待辦事項呢？你的清單是否看似負荷過重又缺乏重心？

· 你現在可以做些什麼來簡化生活？

· 我在本節提出的建議之中，有沒有哪些是你現在就用得上的？

本章重點整理

生活越簡化，就能越專注、效率越好，進而更沉浸於當下。反之，我們會覺得負擔沉重，拖累前進的步伐。

只管把目光放在少數優先事項上，而非更多選擇。

Chapter
13 | 向噪音說不

　　英文有句格言是：「『團隊』（team）中沒有『個人』（I）。」可是「噪音」（noise）的英文，不只有字母「I」，還有「n」和「o」。

　　這是純屬巧合，還是別有意義？各位覺得呢？

　　No 是個簡短而有力的單字，可用來表示「不用／不要／沒有」。我們常使用這個單字，以用來阻止不好的決定、斷絕心血來潮的衝動、不欣賞的提議，以及他人的刻意行為。這個單字是一個既明確、又直接的單字。

　　請感受一下這個單字的力量。

　　不用了，謝謝！（No, thank you ！）

　　我不要了。（No more for me.）

　　帳戶裡沒有錢。（No money in the account.）

　　沒有時間了。（No time on the clock.）

　　不要找藉口。（No excuses.）

　　沒有任何頭緒。（No clue.）

　　沒有討價還價的餘地。（No ifs, ands, or buts.）

　　沒有付出，就沒有收穫。（No pain, no gain.）

▌自制的力量

在 1980 年代晚期，美國第一夫人南茜‧雷根（Nancy Reagan）帶頭對抗毒癮，呼籲大眾要向毒品「勇於說不」（Just Say No）。這句口號的態度明確且堅定，成為她對抗非法吸毒者的主要武器，特別是對年輕人。

她想讓吸毒者在現在和未來都能勇於說「不」，藉此應對日漸惡化的毒品氾濫及濫用問題。

她的口號琅琅上口，訴求直接又大膽。在那個社群媒體尚未發達的年代，簡單的一句「勇於說不」訊息，短短幾天內迅速散播到整個大眾社會之中。

為了與內在和身邊的資訊噪音對抗，我們也可利用相同的口號。我們要經常說不，用「不」來掩蓋生活中的資訊噪音。

自制是一種力量，這麼說也許聽起來很老派，可是我們天生就具備這股力量，可以選擇性地不去注意哪些事務，以及何時該專注。

儘管向毒品「勇於說不」運動不算徹底成功，不過相信你我都能做到「向資訊噪音說不」。

請跟著我大聲念出這句簡單聲明：我要向資訊噪音說不。

▌克服錯失恐懼症

我們面臨最艱難的挑戰之一，就是因害怕錯失而產生恐懼感，或稱為「錯失恐懼症」（fear of missing out，FOMO）。我們都可能遭遇這樣的經驗：

我想看一下剛才收到的訊息，因為可能是重要的事。

我要不斷地往下滑社群媒體的資訊流，因為怕自己會錯過什麼消息。

我想要知道有沒有更多選項，因為我找到的還不夠多。

我必須隨時查看電子信箱，因為別人預期我會立刻回信。

我們都會承認這些行為對健康不好，而且還會影響效率和消耗精力。可是我們只是因為害怕錯過，所以才會這麼做。畢竟誰

想錯過關鍵的警訊、電話，或突發新聞？

然而，每個人都像是約好要在一大堆無意義的資料海中，找出裡面可能存在的一支針。這不只是浪費寶貴時間，還訓練我們的大腦要立刻、不加思索地製造持續的焦慮感，及意義不明的期待。我們很難抗拒錯失恐懼症。

當你面臨這些每天的期待與焦慮時，該如何拒絕要求自己跟上腳步？身為父母、主管、青少年或專業人士，「說不」會不會反而帶來更多風險？

知名商業作家葛瑞格‧麥基昂認為，本質主義者相信「擺脫會讓事情好轉」。一部電影會讓人覺得好看，正是因為許多精采部分被剪輯在一起。一篇好文章，也是因為有人不辭辛苦地完成編輯。

插播

常常替自己關靜音

這是比喻也是提醒，每當發現自己一不小心陷入太吵鬧的情況時，按下靜音鍵：收音機傳來吵雜的廣告內容嗎？按下靜音鍵。有人留下瘋狂的評論嗎？按下隱藏鍵。彈出式視窗訊息？關閉通知。內心的怨言？請告訴自己停下來。

克服錯失恐懼症是一個嚴峻挑戰，需要具備強大的心理素質才能辦到：

- **不屈不撓**：來自內在的力量和勇氣，使你經常勇於決定錯過。
- **堅定**：承諾自己要擁有更少，而不是更多東西。
- **信任**：讓直覺告訴你，那些看似誘人且重要的東西，很可能只是無意義的資訊噪音而已。

▎被成癮削弱的意志力

《渴求的心靈》作者賈德森·布魯爾，在一部關於「科技成癮的力量」的影片中提到，大腦有一套觸發反應的循環，使我們獲得獎賞。

他談到感覺（如恐懼、飢餓、焦慮、孤獨等）會使人產生衝動，去找出有希望的解決方法。

比方說，無聊的感覺可能會促使人們打開手機，因為想要尋求某種能使我們感到有趣又有意義的事物，於是他鼓勵我們：「要去了解自己在感到無聊時，肢體和內心會出現什麼反應。想要繼續或擺脫那無止盡浪費精力的習慣循環，就得靠這個機會了。一看到簡訊就強迫自己要回覆的行為應該停止了，多多注意自己的感覺和那股衝動，讓它勾起你的好奇心，並享受放手後的快樂感受，你要持續這麼做。」

他認為只要不去回應這種觸發反應，那麼隨著時間將會形成

一個循環來製造渴望——以及即刻的獎賞——給我們,所以我們必須嘗試打破那些大腦已經養成的強大且恆久的習慣。

在本質上,這些觸發反應可能成癮,進而削弱我們的抵抗能力。

成癮循環

事件

▷ 我好無聊
▷ 感到哀傷
▷ 我餓了
▷ 壓力好大
▷ 這好困難
▷ 我很好奇

觸發反應

▷ 檢查手機
▷ 上網搜尋
▷ 登入社群媒體
▷ 聽另一組音樂播放清單
▷ 來打電動
▷ 去看一下

獎賞

心情好轉,下次也會照著做

▶ 在某些時刻,我們被觸發的反應是為了獲得獎賞。
一旦滿足了,大腦就會記住並開始建立新的神經路徑。

人之所以會習慣求助於資訊噪音（比方說屈服於令人分心的事物、允許自己被打擾或一心多用），都是因為低估自己的專注力，於是讓大腦對衝動成癮，而且甚至沒意會到本身已經陷入這個循環。

於是我們還沒來得及向突然收到的簡訊通知說不，大腦就已經準備好要釋放多巴胺了，因為它希望能收到新簡訊，就像期待中大獎一樣。

儘管這份希望沒有成真，大腦還是會繼續捉弄我們，使我們以為自己需要隨時查看手機，否則就沒機會贏得「樂透」。

▌向一些事說不，就要向其他事說好

無論是給你一份甜甜圈或令人分心的東西，說「好」就是會給人比較好的感覺。

給予能引起興趣並產生誘惑感；相較之下，抗拒和否定就成了一場痛苦的挑戰。

很難吧？這幾年來，我學到的最有效的事情之一，就是當我向某些事說不時，也需要向其他事說好。我就是利用這個方式，感受說好的正面力量，因為那些力量會在困難時刻與我站在同一邊。

當我開始慢跑時，我才深深體會這個道理。熟識我的人都知道，我很討厭慢跑。雖然我喜歡運動，以前還參加過橄欖球賽、籃球賽和足球賽，但慢跑從來不是我喜愛從事的運動，慢跑令我

覺得單調乏味。

我認識的跑者曾告訴我無數個他們愛上慢跑的理由，可是任何一個理由都沒能打動我。

我以為自己不會喜歡慢跑，也不覺得自己哪天會成為別人眼中的一名跑者。然而幾年前，我開始認真培養慢跑習慣，這個突然的轉變令很多人感到驚訝。

為什麼我會開始慢跑呢？

對我來說，慢跑充滿負面感受，以及需要做出困難決定，且為了培養這個嗜好表示我必須刻意將慢跑列為優先事項。

除了行程忙碌之外，我還要想辦法克服自滿，以及各種令我想避開慢跑的誘惑，更別提我需要克服自己對這項運動不屑一顧的態度。

我可以有千百個理由讓自己不去慢跑，所以我是如何獲得向這些理由說不的力量呢？

我發現一個既簡單又有威力的理由，就是利用說好的抵銷效果。

以我為例，我利用應用程式記錄慢跑距離，這個應用程式是以蒐集星星為簡單獎勵方式，鼓勵我近兩年來一直維持慢跑習慣。於是，我找到讓我說好的理由，並且向內在的抗議和懶惰說不。當要對內在噪音說不時，也需要向其他事說好。

現在，換你去找出自己的制衡方式。

情緒噪音越來越大聲
大腦裡的噪音來自何方

　　我們不能將情緒噪音視為另一種類型的噪音。情緒噪音是造成我們對外在噪音做出反應的根本原因。約翰·艾瑞克森博士（John Erickson）是一位暢銷作家，也是一名領導力教練，他強調如果無法把情緒噪音定位為來源而非症狀，那麼在這之前，我們都將浪費時間和精力處理它。

　　「它實在很狡猾。要等到發生之後，我們才會發現它的存在。」他說，「我們會聽從內在噪音，按照它所說的做出反應，而非出自理智和理性思維。」

　　艾瑞克森博士認為，人天生就有情緒。情緒沒有好壞之分，情緒只是我們身為人的一部分，所以可以是很重要的指標，就好比看到儀表板上的油箱或電池指標快見底了。當儀表板上的燈號亮起，我們不應發怒，而是要去查看其指出的問題在哪裡。我們需要從三個關鍵領域，確認是什麼事情引發情緒。

　　「我們的生活受到大量期望、需求與知覺所驅使。」他說，「例如，我覺得沮喪、憤怒、哀傷、無聊、困惑或者焦慮時，我的周遭發生了什麼事？期望、需求與知覺，三者能引發如電台調頻時的靜電干擾。」

　　情緒噪音就像靜電干擾的聲量，當我們的情緒越來越難以控制，就會發出更大的噪音。要想降低情緒噪音，就得先深入了解為什麼我們無法解決這三類情緒所發出來的噪音。

　　除此之外，當情緒噪音突然變得大聲時，我們需要迅速做出反應──就像當你突然聽到很大的噪音時。

　　「當情緒噪音的音量從一或二分提高到十分，我們就得做出戰

鬥或逃跑的反應。」他說,「如果我們以為逃離(或隔離)媒體依賴和網路成癮就能輕易減輕痛苦,那麼就會誤以為逃跑反應能讓情緒噪音消失。」

小記:艾瑞克森博士是領導力專家,創辦伊甸商業顧問公司(Eden Business Concepts LLC),並著有《走出天堂的三條路》(*Three Paths Out of Paradise*)一書。他的著作值得一讀,因為情緒噪音只會在你我的內心大叫、狂吼。我們需要了解它引發了什麼,還需要知道我們很容易被誤導使用其他分心物、媒體和數位設備來安慰自己,但其實那些都起不了任何實質作用。

▌用意志關掉大腦裡的噪音

從小父親就告訴我許多名言,其中我最喜歡的一句話是:「如果你不要,就說不要。」他教了我很多,而且時常提醒我,擁有選擇的能力才能成為一個真正的大人。

他認為人類具備兩種能力:智力和意志力。我們具備智力推理和思考,並運用意志力做決策。我覺得很有道理,特別是對年輕時候的我來說。後來我長大以後,發現人類具備的第三種能力,就是情緒。

個人的意志,是降低噪音的關鍵。

環境中有太多噪音造成干擾、分心,以及打擊我們。但是身為人類,我們可以選擇。感到不舒服就直接說不。也許我們的想

法和感受，會把我們拉往不同的方向，可是我們可以好好利用這個簡短而有力的單字：不。

在一天之中，我們的思緒也許常會感到左右拉扯，對無關緊要的事陷入思考。由於這種情況實在太常發生，以至於甚至沒注意到自己有多麼費心傷神。

我們可利用以下幾個案例，練習衝動管理：

- **路過的人**：你正坐在位置上閱讀一封重要電子郵件，此時有人朝你的方向走來。你的好奇心甦醒了，那個人是？喔，是那個誰誰誰嘛。很好，你可以選擇跟他打招呼，或者選擇假裝沒看到，把注意力重新放回工作上。請向隨機噪音說不。
- **通知的鈴聲**：嗶，嗶，嗶。你正在跟一位朋友講話，這時聽到手機的通知鈴聲響起。也許是一則簡訊，也可能是天氣預報通知。就像俄羅斯心理學家巴甫洛夫做的小狗實驗，你會毫不猶豫地拿起手機查看通知。你的思緒又再次迷失，友誼也可能就此消失。請向資訊噪音說不。
- **思緒**：你打算走到房子的另一頭去拿剪刀，一邊心想明天有沒有乾淨衣服可以穿。接著你馬上想到明天的約會，才發現自己還沒答覆對方的邀請。於是你馬上開起電腦，但卻忘了拿剪刀。請向內在噪音說不。

▎專心一意能帶來平靜

要求自己每次只專注一件事。說服自己專心一意能提高專注力，並且使內心保持平靜。不妨利用剛才提到的那三個案例，並試著去感受內心：專心閱讀並完成那封電子郵件；縱使聽到手機通知鈴聲，但還是繼續與對方交談；走到房子的另一頭去拿剪刀。

果斷說不，可有效減少噪音。

我們的大腦每次只想要專注於一件事。一心多用無法帶來心靈平靜，還會使自己成為三心二意的人。要是我們能多去感知自己的意識，就更能伸展意志力肌肉，去集中關注更少的事。當我們可以這麼做時，就應該去記住那種感覺。那會是更好的狀態。

▎5 個小步驟，讓「說不」改變日常生活

- **大聲一點。**比起在心裡說不，親耳聽見自己說不，是截然不同的感受。向某個人說「不，我現在沒辦法跟你說話」，或者「不，我沒興趣」。抑或是告訴自己「不，我今天已經不想再去查看電子郵件了」，或者「不，我不打算一次做四件事。」
- **把分心事物調成靜音。**去做一些簡單又可能有些愚蠢的事，來避免自己分心。當在開車時，與其不斷切換歌曲，不如把手機放到後座；也可以試著把電視遙控器放遠一點。
- **向其他事說好。**任何會使自己轉移專注力的分心物、干擾或邀請，你可以欣然對它們說「好」，或者可以堅決地向

它們說「不」。而當你已經屏除很多內在與外在的噪音時，你會給自己哪些獎賞呢？

· **不要太追根究柢。**辯解、藉口和據理力爭，都沒什麼幫助。在找到為什麼會屈服於更多噪音的原因之前，你的大腦就會先倦怠疲勞。

· **七分之五，不算差。**不要過度追求完美。我們不可能、也做不到完全零噪音。努力降噪，即便做到一半，都會讓我們的生活變得更美好。

···· { 值得分享 } ·····································

肌力與槓鈴的邏輯
自願吃苦以克服現代生活的羸弱

對某些人而言，肌力訓練是件很吸引人的事，我也屬於那些人，直到認識我的肌力訓練師凱薩琳，接著從她那邊得知一個播客節目《槓鈴的邏輯》（Barbell Logic）。

這個播客節目有兩位主持人：史考特・漢瑞克（Scott Hamrick）與麥特・雷諾斯（Matt Reynolds），他們一登場就引起我的注意。

「我想盡量協助老人和年輕人開啟不一樣的人生，幫助他們成為更棒的人，這對我來說就像是一種無止盡的哲學探索。」麥特說。

史考特接著說：「自信、健康又有韌性的人現在已經很少見了，這種人已經成為一種例外。但是，肌力可以創造這種例外。」

我喜歡聽他們的節目，他們把肌力定義為能對抗阻力的力量，進而如串珍珠般串聯起一些智慧與道理，那就是肌力是至關重要的因素，擁有肌力才能應付得了日常生活的負擔和關卡。

肌力增強也會增進自信心，因為已經征服過困難的事，也已經克服過「極重」的事。你將刻意磨練自己去承受非自願的折磨，例如失業、生病、各種事物對我們的持續誘惑，以及不曾間斷的選擇。

　　「我們口中的肌力不是一種空泛的名詞，也不是在講心理韌性。」他們說，「我們指的是實際上移動重量的力量，也就是能產生力量對抗外在阻力的能力。對我們而言，提供外在阻力的就是各種重量的槓鈴。越強壯的人，越難被擊敗。」

小記：這兩位播客節目主持人值得一提，因為先鍛鍊身體肌力，才能追求心理韌性、彈性和守紀律，這些都是生活在這喧鬧世界的關鍵，而非屈服於如空洞般的噪音誘惑。播客節目《槓鈴的邏輯》播出網址是 https://barbell-logic.com/

▌回想一下

· 有沒有發現當自己被手機的提示音干擾而分心時，你會主動打斷談話或工作？
· 即便已經知道自己還有很多事要做，向某些事說不，還是會令你感到愧疚嗎？
· 你現在可以在哪一個生活領域上發揮意志力呢？

本章重點整理

　　說「不」，是一種有力的發揮意志力方式。許多人都有錯失恐懼症，導致人生處於無意義的停滯期。我們在說好時發揮專注力，在說不時關掉對噪音的注意力。

　　養成習慣向無關緊要的事說不，才能降低或關掉日常生活中的噪音。

Chapter

14

安靜時刻：讓大腦重整

現在停下來，聽一聽周遭的環境。你聽見什麼聲音？音樂？手機鈴聲？還是電視機或收音機傳來播報新聞的聲音？

我們周圍的噪音不曾間斷，也不會減弱。正如鄉村樂歌手肯尼・薛士尼那首名為《噪音》的歌曲，噪音不全是由我們製造出來的，我們卻沒辦法關掉。

顯然我們需要更多安靜時刻。我們需要更多時間去思考、休息、反省，以及恢復活力。

可是即使我們有機會這麼做，也沒有好好利用這些充電時刻。舉例來說，在通勤時，我們可以把收音機關掉幾分鐘。放學或下班後，不妨靜靜坐著幾分鐘，不要接觸任何科技產品。在一天結束之際，我們可以按時上床睡覺，不要在睡前多看一眼手機。於是，我們可以擁有更多安靜時刻，然後迎接嶄新的一天。

安靜，是幫助對抗噪音的武器。

我們的大腦渴望安靜，可是安靜卻不易尋，於是我們反對自己去尋找安靜。心靈類書籍的作者會叮嚀讀者在平時就要常祈禱反省，而正念專家會分享許多關於沉思的小技巧，甚至還有專門為放鬆和減壓而設計的應用程式。這些都是為了讓大腦冷靜下來，

讓大腦重新恢復功能，但要是你問某個按照專家建議去做的人，他們都會告訴你安靜有多難實現，至少在一開始會非常困難。

讓自己有一些安靜時間，是一項艱難卻很值得養成的習慣。我們的大腦是高速運轉的引擎，所以必須讓其冷卻，否則就會開始冒煙。

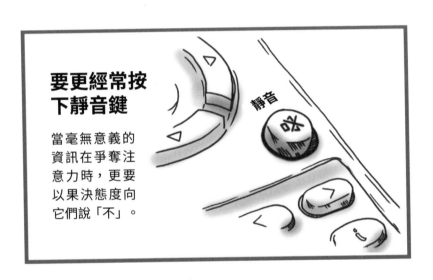

要更經常按下靜音鍵

當毫無意義的資訊在爭奪注意力時，更要以果決態度向它們說「不」。

靜音

▌燈光微亮的晚餐時間

有對夫妻，麥特與瑪爾塔正在度過一個平凡的周末。平時他們都很忙，要處理很多帳單、回覆很多電子郵件、參加幾場電話會議，以及忍受長時間的通勤。他們要按時赴約及參加活動、回覆未接來電、安排共乘汽車，以及制定一些計畫。想要挪出時間

與另一半相處，基本上是不可能的任務。

連他們的孩子也飽受生活噪音之苦。他們不是在上課，就是在參加運動練習、打工以及玩社群媒體。

在這個周末期間，全家人把寶貴精力放在許多爭奪優先順序的事情上，他們想盡辦法不讓自己落後。

「我也想放慢步調，把注意力放在家庭，可就是太難了。」瑪爾塔說，「十年來，麥特和我看到情況變化得如此劇烈，而且現在的生活相當消耗我們的精神。」

直到要用晚餐了，每個人的大腦還在嗡嗡作響，他們還無法放慢腳步。

「為了珍惜晚餐時間，我們決定要把混亂和連繫隔絕在外。」麥特分享道，「手機、干擾物、電話，統統不准上餐桌，我們就是要專心地與家人相處在一起。」

他們每天都在奮戰，要對抗與外界的頻繁交流以及環境中的諸多噪音，占去與自己、與家人互動的時間。於是他們同心協力，制定規則並堅持將家庭的簡單溝通時間放在最優先順位。

「我們分享今天發生的大小事，也分享明天會發生的事。」瑪爾塔說，「這麼做讓家人感情變得更好了，我們都很喜歡跟家人待在一起，這麼做能使我們恢復活力。」

令人感傷的是，許多家庭為了急著回到那總是互聯又忙碌的混亂世界，反而錯過一些珍貴又美好時刻。

插播

想屏除噪音，不妨準備一副耳塞

你可以決定別讓噪音入侵，把生活從裡到外搞得一團亂。儘管大刀闊斧地去恢復日常生活的平靜、安靜、平衡與理性。

▍開放式空間的由來與誘惑

現在的工作場所都是開放空間，少了辦公室門和隱私。隨之而來的是開放式的居家設計概念，用一個多功能的大空間，取代二或三房一廳的空間規畫。

為什麼要推動開放式建築呢？去怪罪那些外向的人吧。

《安靜，就是力量》作者蘇珊‧坎恩告訴國家公共電台：「這已然成為現代工作空間問題，只因為了最大化地促進團體互動。有越來越多開放式設計的辦公室，沒有隔牆，也沒有什麼隱私可言……每位員工分得的平均空間，從 1970 年代的 500 平方英尺，縮減到今日只剩下 200 平方英尺。」

我們的社會推崇合作、創意，與持續與人互動。我們的工作場所就像一間大型咖啡店，喧鬧和創意被奉為座上賓，而隱私和專注力卻被安置在角落。

大約二十年前，負責管理及協助聯邦機構的美國總務署（General Services Administration）決定要改造成開放式辦公室，以鼓勵人們互動及刺激生產力。然而在許多研究和調查中，受訪的聯邦雇員都表示他們與同事間的互動越來越少，辦公效率也隨之下滑。

此外，哈佛商學院的研究發現，開放式設計辦公室使人際互動交流的比例下降 73％，而透過電子郵件和簡訊進行互動的比例則上升 67％。因此，這份研究認為，開放式設計辦公室會對員工集中注意力的能力造成負面影響。

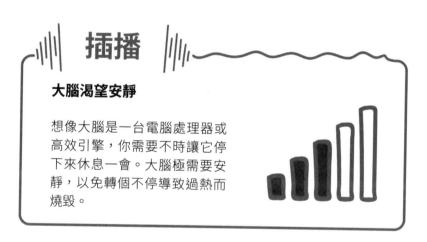

插播

大腦渴望安靜

想像大腦是一台電腦處理器或高效引擎，你需要不時讓它停下來休息一會。大腦極需要安靜，以免轉個不停導致過熱而燒毀。

▌為什麼要安靜下來？

我們都需要使注意力獲得解放。

根據《今日心理學》雜誌的文章指出，大約有 50％至 75％的

人個性屬於外向。這數字意味著，他們既是這個世界的設計師，也是生活在這世上的主要族群。於是外向的人自然會特別注重：與他人寒暄、自由地交流意見，以及發揮自己的社交長才。

雖然我是有點誇大了，但如果你是個性內向的人，也許會認同我的說法。

所以，為什麼安靜時刻如此重要？這不是要外向的人安靜，而是所有人能在安靜時刻休息、思考並恢復活力。我們都需要安靜時刻，因為我們都受到過度刺激。

我們的注意力需要被釋放，不要將其圈禁起來。

丹尼爾·高曼在《專注的力量》一書中提到，運動後需要休息才能恢復體力，這跟我們需要安靜時刻的道理是一樣的。不過，他警告不是所有活動都有助恢復專注力。

插播

不要害怕自己將會錯過的事

我們一整天都在擔心自己可能會錯過重要的網路資訊。錯失恐懼症會讓人產生幻覺，以為自己能將所有網路資訊一覽無遺。聰明的你應該能夠判斷，不錯過任何網路資訊是否是件很重要的事。

為了阻止自己分心，大腦需要奮力集中注意力，於是當我們解除專注狀態，並且讓注意力可以放到其他有吸引力的事物上時，就能再次讓注意力恢復了。可是，瀏覽網路、打電動遊戲或回覆電子郵件等，這類活動可幫不了我們。

大腦跟身體一樣，都需要休息一下。

▎安靜，不是要自我孤立

為了降低刺激和恢復活力，暫時抽身讓自己孤立一下也許對健康有益。個性內向的人更喜歡孤立感，而個性外向的人可能需要更刻意地迫使自己這麼做。對個性外向的人來說，就算只有十分鐘切斷與外界聯絡，也會讓自己覺得很孤獨，不過也會立刻獲得實在的好處。

然而，更嚴重的問題是當短暫孤立成為離群索居。身為人類，我們需要與他人真實地互動。

醫療保健公司信諾集團（Cigna）的研究發現：「將近一半美國人表示自己有時候、或總是感到孤單（占 46%），或者感到被排擠（47%）」，而且「Z 世代（年齡介於 18 至 22 歲之間的成年人）是最孤單的世代，他們認為自己的健康狀況比年紀更大的人還糟。」

外向型的人會冒著自我孤立的風險，假如他們利用休息時間進行一些不需要他人參與的活動，比方說上網、打電動。內向型的人則是會更進一步避免人與人之間的互動，並且利用安靜時刻

來切斷與朋友和重要人士之間的往來。

　　然而無論個性是外向型或內向型，安靜時刻的意義在於使我們能有效恢復活力，如此一來，珍貴的專注力才能被用在真正重要的事情之上。所以，我們不應該誤用安靜時刻來自我孤立，或避免與他人交流。

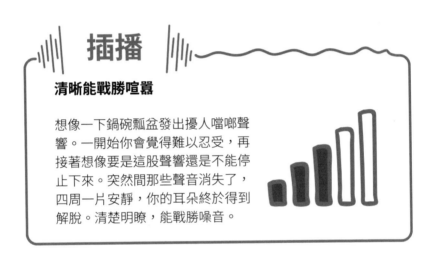

清晰能戰勝喧囂

想像一下鍋碗瓢盆發出擾人噹啷聲響。一開始你會覺得難以忍受，再接著想像要是這股聲響還是不能停止下來。突然間那些聲音消失了，四周一片安靜，你的耳朵終於得到解脫。清楚明瞭，能戰勝噪音。

　　安靜時刻是給自己時間去思考和反省。雷蒙・凱思雷基（Raymond Kethledge）與麥克・厄文（Michael Erwin）在共同撰寫的書《先好好領導自己：透過獨處啟發領導力》（*Lead Yourself First: Inspiring Leadership Through Solitude*）中舉出一個非常具說服力的範例，那就是領導者可有效利用暫時孤獨的好處，讓自己短暫離開忙碌的日常循環，以利讓自己看得更遠、更清楚。

　　他們在序文中寫道：

美國前總統艾森豪認為：「領導力就是一門藝術，讓他人自發性地按照你想要的方式，去完成一件事。」他的意思不是指領導力等於利用他人。有些人也許認為，領導者應將每個人當成他自己來看待。然而，真正的領導者要能使他人支持自己的目標，並當成是那個人自己的目標。因此，為了堅守自己的目標，首先我們必須先決定自己的目標，並且對目標有明確的認知與信念，甚至有時候為了達成目標，會背負相當的壓力也是在所難免。為了找到明確的目標，以及在逆境中堅持實現目標的勇氣，便需要領導力以外的特質，而那就是孤獨。

▎獲得更多安靜時刻

以下有一些建議，可以幫助我們在日常生活中得到更多安靜時刻，以及達成策略性孤獨：

1. 睡一覺

如果要做一件很重要的事，我們需要制定時間表來完成。睡眠是件很重要的事，然而在這個忙碌、科技不離身的生活中，我們沒有充足時間好好睡覺。這裡有幾項關於睡眠的驚人統計數據：

- 35%的成年人，晚上睡眠時間少於 7 小時。
- 只有 16%的大學生，承認自己晚上睡眠時間有 8 小時。
- 青少年晚上睡眠時間需要超過 9 小時，不過他們大部分只

有睡到 7 小時。

・86%的學生會帶著手機上床睡覺。

就我個人經驗而言，當孩子升上中學後，睡眠變成一個嚴重問題。直到他們上了大學，睡眠習慣變得更差。他們在各方面都會受到睡眠模式影響，孩子有睡飽和沒睡飽的時候，我可以看出很明顯的差異。

規律睡眠時間的好處之一就是，大腦可藉此達到科學家所稱的「固化」，大腦會利用這段「固化」期間強化記憶，以及練習所學到的技能。還有，睡眠對健康百利無一害，包含降低癌症、心臟病及中風的風險。睡眠還有助減輕壓力，也可以幫助人們對抗憂鬱症。

2. 練習「早 7 晚 7」的生活頻率

我曾進行一項調查，結果發現將近 70%的人，包括我自己，都承認每天做的第一件事和最後一件事，都是查看手機。為戒除使用科技產品成癮趨勢，我為自己設定每天的使用限制。

每天晚上 7 點過後，我會把手機擺在一旁，直到隔天早上 7 點才能拿起手機查看。這麼做很有挑戰性，我必須對抗自己的錯失恐懼症，也要對抗想上社群媒體、晚上發電子郵件的衝動。不過這項習慣不只能降低我每天觀看螢幕的時間，還能讓我擁有更多時間進行其他的專注力恢復活動，比如閱讀、對話、冥想以及運動等。

3. 神奇的走路效果

散步一下，也能發揮神奇作用。

《醫師的隨選減肥法》（*The Doctor on Demand Diet*）作者，醫學博士梅莉娜・賈波利斯（Melina Jampolis）說：「研究顯示，養成規律散步習慣能幫助神經系統放鬆，進而減少發怒和敵對意識。」曬太陽也有助對抗季節性憂鬱症。

可以安排簡單的散步活動時間，無論是一早醒來或晚上散步，都有助整理思緒，以及消化生活中發生的事。也可以用遛狗代替散步，或者用走路取代開車。

我鼓勵大家常走路，不過要記得的是，找藉口推託也很簡單，我就是找藉口專家。但每次我去散步，感覺都會好一些。

我發現在旅行時散步特別有效果。在旅行時，我會充分利用每個能充電、恢復精神的時刻，無論是在航廈或拜訪新的城市，我都會一邊直視前方，一邊走路。這麼一來，我才不會好奇地東張西望。另外，為了精神健康，我也會利用走路讓自己準備好迎接明天，或者恢復一整天下來消耗的精神。

4. 斷電 11 分鐘

《搖滾萬萬歲》（*This Is Spinal Tap*）是一部以仿紀錄片形式拍攝，主題是關於搖滾樂團的電影。在該電影中，吉他手尼格爾・圖夫尼爾（Nigel Tufnel）告訴記者，他的音響特別有威力：

尼格爾：「如你所見，我的音箱最大刻度都是 11，全部都是，11、11、11、11。」

記者：「可是，大部分的音箱刻度都只到 10 而已。」

尼格爾：「沒錯。」

記者：「那調到 11 的話，會比 10 更大聲嗎？」

尼格爾：「多一個刻度就會比較大聲，不是嗎？其他那些混樂團傢伙的音箱最多就是 10。轉到 10，音量就只有這樣，吉他發出的音量最大就是 10 了。那怎麼做才能讓聲音更大聲？你知道嗎？」

記者：「我不知道。」

尼格爾：「沒錯，基本上大家都會說不知道怎麼做才能超越極限，你知道我們是怎麼做到的嗎？」

記者：「調到 11 ？」

尼格爾：「正是！」

與其只給自己 10 分鐘離開筆記型電腦或手機，不妨考慮把音量轉到 11。

你會問為什麼？正如圖夫尼爾說的：「基本上大家都會說不知道怎麼做才能超越極限，你知道我們是怎麼做到的嗎？調到 11。」

你可以儘管大方地對自己說，你需要多一點額外的無聲時刻。不妨想像無聲時刻是一台消音音響。當我們需要安靜，就必須更刻意地去調整這台消音音響。

5. 找到自己的「安靜小屋」

如果你經常很忙碌，就需要給自己幾分鐘遠離忙碌。想像你施展了一個小魔法，讓自己逃離忙碌的城市，然後在山裡找到一處安靜地方。

在家裡、辦公室和學校裡，總有許多事務會令人分心。我們該怎麼做才能逃離這些令人不專心的環境呢？

不妨用點想像力和決心，來創造一個寧靜之地，在那裡沒有噪音，只有安靜。這當然很難辦到，可是只要這麼做，你會得到可觀的回饋。

在工作時，你可以找一間空辦公室，或者沒人使用的會議室，再不然就在門上掛著「請勿打擾」的牌子，搭配一副降噪耳機。在家裡，你要有自己的房間，或規畫一個空間，擺上桌椅，讓你可以在那裡閱讀、思考和休息。在學校時，可以利用圖書館、自習室或者沒有人的教室，也能有一樣的效果。

觀察你的周圍環境，有沒有一個地方可以成為遠離忙碌的避難所。找一找，並好好利用那些空間。

····· { 值得分享 } ···························

把噪音轉小聲一點
利用頭戴式和耳塞式耳機，將自己隔絕於喧鬧之外

想要有效擋掉不想聽到的聲音，可以戴上高階頭戴式或耳塞式耳機。無論是身處在飛機上、靶場，還是辦公室，都可明顯降低噪音，幾乎能隔絕所有不想聽到的聲音。

有兩種不同技術可以阻擋噪音。耳機品牌舒爾公司（Shure）前任行銷主管史蒂芬‧科勒曾提到，音訊電子產品公司各自擁有不同技術，來降低噪音以及強化音訊。

隔音

全球音訊電子產品大廠舒爾致力於研發頭戴式和耳塞式耳機的隔音技術，並且在這個技術領域占有先驅地位。簡單來說，這項技術的設計可以實現隔絕外部噪音，使用者只要把耳機放入耳道中，就可阻絕幾乎所有外來噪音，進而創造所謂的「沉浸式聽覺體驗」。舒爾公司的設計非常受歡迎，有許多專業音樂家都會使用這套耳機，搭配舒爾公司的專業耳內監聽系統，藉此幫助他們在舞台上表演時，即使音量高達 120 分貝也能聽見自己的聲音。

降噪

另一家全球音訊產業巨擘博士公司（Bose Corporation），專攻的是降噪技術。該技術是仰賴一種電子處理過程，由耳罩內的麥克風偵測外部噪音，再由主動迴路產生鏡像，使戴著耳罩的使用者感受到降噪效果。

小記：這兩種科技都值得一提，因為能實際保護我們免於噪音騷擾。

▌俗世中的靜修者

除了睡午覺、快走、打造安全又安靜的工作環境之外，還有好幾種簡單做法可為我們的日常生活帶來安靜。

好幾世紀以前，那些受到某種宗教信仰強烈感召的人們會離開他們原本的社會，並建立另一個社區來投入修行。在基督教歷史中，帶領修行運動最廣為人知的聖人，就是努西亞的聖本篤（Saint Benedict of Nursia），聖本篤在西元前 529 年在義大利創建一所修道院，那時深受感召的男性會離群，並成為靜修者，將生命奉獻於祈禱與工作。他們認為自己是直接面對上帝，於是每天用 8 小時祈禱、8 小時工作，以及 8 小時睡覺。

我的父母信仰某一宗教組織，而這個宗教組織創辦人發展出一套類似古代修道傳統的信仰模式，且這套信仰模式又特別吸引現代忙碌的俗人。他們的使命是成為「在這個俗世中的靜修者」。這位創辦人鼓勵大家都可從平時做起，比方說靜默祈禱一小時、朗誦玫瑰經（the Rosary）、默念聖經。你會發現有很多種方式可幫助自己放鬆身心，以及恢復活力。

在我的父母結婚以前，父親主要是信仰一個名為「阿列克謝兄弟」（Alexian Brothers）的天主教派別。儘管他沒有感受聖召，卻渴望自己能成為安靜的修行祈禱者。

小時候每當要開車出遠門時，我的父母總會要所有小孩跟他們一起背誦玫瑰經祈禱。現在回想起來，這是我的父母想做的事，而且要是我們也一起那麼做，就表示我們也認同他們的信仰。雖

然做這件事並不怎麼有趣，但卻是全家人會一起從事的活動。

附帶一提，玫瑰經的經文有許多重覆文字，由於篇幅簡短，信徒可以一遍又一遍大聲地朗誦經文（「聖福瑪利亞，妳充滿聖寵……」「願光榮歸於父、及子……」）。

靜修可幫助培養深厚的精神與心靈。靜修可放鬆緊繃的大腦，並使其恢復活力。靜修不是逼大腦去思考什麼，而是允許大腦能優雅地沉思和休息。不過說個好笑的，以前在爸媽車上，那時還小的我每次讓大腦放鬆的結果，就是進入夢鄉。當時的我很需要放鬆大腦，而現在我的小孩更需要這麼做！

▎回想一下

・在日常生活中，有哪些事經常奪走你的注意力，並且使你分心？能否排除這些分心事物，降低一些噪音？

・在本章提到的幾個步驟中，哪些是你在日常生活中可以實行的？散步？更好的睡眠？斷電 11 分鐘？還是冥想？

・在家裡、工作場所或學校裡，有沒有哪個空間可以成為自己的「安靜小屋」？

本章重點整理

我們每天都需要一些安靜時刻，來放鬆大腦並替它充電。
刻意要求自己每天都要做到一件事：每天都要有安靜時刻。

Chapter	當下聆聽：
15	一份值得獻上的禮物

很少人懂得聆聽的方法，更少人願意學習聆聽。我們眼前有太多挑戰待克服，超級忙碌的生活已經使人們時常心不在焉，我們必須更集中精神在自己的想法、觀點和計畫上。於是，誰還有時間和精力，去積極、深度地聆聽另一個人呢？

聆聽他人，需要我們付出相當的力氣。不過，聆聽也會帶來力量，去揭露那些不為人知的見解、深化自己的理解，進而鞏固人與人之間的連結。想一想你認識哪些人特別懂得聆聽他人？那些人有超過 5 位嗎？很可能沒有。當你與他們之中的任何一位講話時，你有留意到什麼嗎？與他們交談的感覺怎麼樣？他們的聆聽祕訣是什麼？

當下聆聽，意思是我們當下既沒有往前眺望，也沒有向後看，現在的你就在這裡，並把你的聽力當作一份禮物送給對方，你既不期望得到回報，也沒有趕著去做其他事。

當下聆聽者能夠有效降低周遭噪音，同時使自己和對方都能集中注意力。

▎突襲聆聽不等於主動聆聽

在規畫我的工作坊時，我的首要目標是設計課程以促進精簡溝通。然而，有效率的溝通者也需要具備的另一項核心技能，就像氣泡浮出水面，而那顆氣泡就是聆聽。老實說對於聆聽的重要性，當時的我沒有太多可說的，因為我不是特別擅長聆聽。儘管那時候我很受歡迎，但我的強項並不包括主動聆聽。我的已故兄長強尼曾經跟我一起開設課程，他是個傑出的聆聽者，也是他堅持一定要提供這方面的技巧訓練。

按照他的建議，我決定替參加兩天課程的學員，設計一套家庭作業以練習主動聆聽。作業內容是要與某個人交談 15 分鐘，並且在聆聽對方談話時留意自己的意識。換言之，他們不只要聆聽對方，還要自我傾聽那難以留意的 600 字，正在大聲地說些什麼。

後來，學員會跟我們分享自己的心得，他們講的故事有苦（例如有人打給前女友，結果聊了 3 個小時）、有甜（例如有人突破了叛逆期孩子的心防），還有令人哭笑不得的故事（例如有人還沒講完，就先在沙發上睡著了）。這些年我聽過無數則有趣故事，其中一則故事非常有意思。

有位在特種部隊服役的軍人在完成這份家庭作業後隔天早上，把他遇到的作業難題，仔細描述給我，和其他同期學員聽。故事是這樣的。

「我遇到前所未有的失敗。」他坦率地說，「我和太太本來聊得好好的，結果她突然掉頭就走。」

他接著說：「我想要完美地完成這份作業，於是開始對她展開『突襲聆聽』，而不是『主動聆聽』。我希望自己在這個班上是表現最棒的人。」

「她一走進廚房，便開始提到她那天遇到的事情。這是我這輩子第一次那麼仔細聽她說話，感覺還不賴。」他分享道，「她一直講，而我只是站在旁邊，一字不漏地聽著她說的每句話。後來我的思緒飄到廚房角落，我看到角落那邊好像有一小堆粉末。」

「我繼續聽她說話，可是思緒卻飄向角落的那堆粉末。我心想，那些是維他命C錠粉末還是糖，或者是其他東西，可是我有努力克制自己不要走過去看，因為我正在當一位好的聆聽者。」他自豪地說。

「後來，我覺得應該可以打斷談話一毫秒就好，時間足夠我過去清掉那些粉末了。」他說，「我剛一轉頭，才一沒有眼神接觸，她就朝我大叫：『你都不聽我說話！』然後就快步離開廚房了。這下子，我的聆聽作業也宣告結束，因為我們沒有小孩，只有兩條狗。」

「但我還不打算放棄，所以打電話到必勝客找人說說話。」聽到他這麼說，其他人都感到非常驚訝，「有個小夥子接了那通電話，我馬上問他：『你今天過得好嗎？你喜歡這份工作嗎？你們開什麼款式的外送車呢？』那孩子很驚慌地立刻把電話掛斷了。」

突襲聆聽不等於主動聆聽，即便出發點是好的，但不一定馬上就能成功，這還需要多多練習才行。

▎為什麼聆聽這麼累？

集中注意力，需要消耗精神。當我們試著想表達些什麼，或者順著話題發表看法時，我們大多時候都不會明顯感覺到集中注意力會消耗精神。而就在同一期間，難以留意的 600 字也在發表言論、批評及提問，或朝著截然不同的方向發展。

我們很難持續參與對話，尤其是當已經養成不好的習慣，還有信手拈來的各種藉口：

- ．我總是容易想到別的事。
- ．都是因為環境影響我。
- ．沒辦法，手機裡實在有太多好玩有趣的事物了。
- ．太難跟上人們討論的話題了。
- ．我已經都聽過了。
- ．不重要，我也不在乎。
- ．我有更棒的事要做。
- ．聽起來對方還沒講完，到底什麼時候才會結束呢？

主動聆聽，是指要參與並加入話題，並提出更好、更具方向性的問題。比起被動聆聽，主動聆聽較困難，但也不是非常辛苦

才能做到。好的聆聽能有效降低周遭噪音，並且增進雙方溝通時的專注力及注意力，進而促成一次良好溝通。

主動聆聽，是一些專業人士的關鍵技能。想想消防員、會計師或平面設計師，他們通常不會把聆聽列為第一個工作項目。我們更可能看到的是，消防員要勇於面對挑戰、會計師要有職業道德，以及平面設計師要有創意。

不過，有些專業人士需要更出色的聆聽能力。

以下有三種職業，他們的收入來源，都來自仔細地聆聽。這三種專業人士聆聽時，他們會**對談話內容感興趣**，遠勝於想聽到**有趣的內容**，而且是帶著明確的目標去聆聽。

· **記者要主動聆聽，來說故事**：真正的好記者，幾乎能在所有環境中找到故事來報導衝突、脈絡，以及解析。
· **心理治療師要主動聆聽，找出創傷源頭**：當病人坐在心理醫師辦公室時，過一陣子後他們將會開始分享不為人知的創傷、內心衝突，以及個人的心理壓力。
· **負責審訊的警察要主動聆聽，解開雙方說詞不一情況**：引導目擊證人或嫌疑人會透露片段資訊，幫助警察解決未解懸案。

從事這些行業的專業聆聽者不只要聽對方說話，更重要的是，他們需要聆聽對方想表達的訊息。後者與前者的不同之處，在於聆聽時具備明確目標，且對話題深感興趣。

學會聆聽，是一項 值得獻上的禮物

▶ 當下聆聽是一項重要技能，能使你顯得與眾不同，並降低 周遭噪音。

▌成為出色的當下聆聽者

想成為一位出色的聆聽者，需要具備多種特質。儘管我們的內在與外在環境充斥許多噪音，不過藉由努力和多加練習，就可即刻將當下的興趣焦點，從自己身上轉移到其他人身上。

這彷彿像是神奇地獲得兩種超能力，能凍結時間，同時待人無私，這可不容易辦到。

這些關鍵特質包括：

- **身處當下**：不要往前看，也不要回想過去，你要待在當下。現在才是最重要的，所以要有耐心。
- **感興趣**：懂得發問，如此一來你會更專心、更能參與對話，同時更在意對方想要傳達的意思，而不是等著找機會發言、分享自己的故事，或提出自己的見解。
- **知道自己不是主角**：把自己和注意力送給對方，也許你會得到意想不到的回報。不過這份回報也許不會立刻到來。
- **稍微容許沒有特定目標的交談**：試著避免一段對話一定要往某一預定方向發展，或預期那段對話一定要產生特定成果。試著提出好問題來引導話題，並讓對話自由發展。
- **理解對方**：如果只想表示贊同或反對，那你就會錯過重點。帶著你的關心和同情，從聆聽中學習以及理解。
- **準備好接下來也許會（有一點點）痛苦**：願意向他人展現自己親切又有耐心的一面，會使對方感到愉悅，儘管這麼

做有可能會讓你覺得有點痛苦。不過記住，這種痛苦不會把你擊敗。

· **要了解這是一個決定，而非感受**：出色的聆聽能力很少見是有原因的。因為出色的聆聽者是主動「決定」把專注力先放在別人身上，而非只是被動地跟隨自己當下的情緒而行動。

當把這些特質彙集起來，就會成為一項非常卓越的能力。而擁有這項能力的人，便能將專注力集中在他人，而非自己身上。而且這份專注力的轉移，是可以觀察得到的。

▍別成為只說不聽的人

當下聆聽可以破解某些難以開啟的門。

我有一個學員來自美國特種部隊，他曾被派駐海外，於是常有機會在大使館與諸多高層人士交流互動。有一次他告訴我們，他與某位美國國務院高層人士建立牢固的人脈關係。

「我是個內向的人，那位駐外大使也跟我一樣。」他分享道，「我們經常一起前往其他地方，儘管很多時間都在搭車，可是沒有人想講太多話，所以有時候氣氛會有點令人不自在。我開始思考他的工作，而他的工作就是出席相關場合，於是我便問他：『你是怎麼開始這份工作的？』這是個無傷大雅的問題，而且我很期待他會如何回答。」

一個簡單問題，打開了他們的話匣子，一轉眼便度過長達半天的車程。

過了幾天後，那位學員與同袍一起站在大使館大廳時，那位大使走過來迎接他，並且叫了他的名字。

「他怎麼會知道你是誰？」當時同袍這麼問他，而他回答：「我就說：『前幾天我們聊得很開心。』」

在這段交談案例以及許多類似的對話過程中，我發現深入了解他人，能帶來隱藏的回饋。深入了解他人不是管閒事或刺探消息，只是為了想更了解對方，也才能做到後續的建立友誼，以及深化彼此互動關係。

大家都知道銷售員不是好的聆聽者，他們總是忙著講話。懂得聆聽的銷售員是異類，因為他們喜歡聆聽對方和從中學習，更勝於聆聽自己的聲音。

我曾有幸受邀擔任全國銷售大會的主講人，要向幾千名銷售專家分享如何促成良好對話，而重點就在於如何聆聽。在演講中，我分享了那位大使與特種部隊隊員一起搭車的故事。講完這段故事後，我問聽眾有幾個人知道自己的客戶是怎麼進入本身從事的行業的。

結果，整個演講廳一片鴉雀無聲。

如果他們懂得當下聆聽，業績數字應該會爆表吧！

▎當下聆聽的回報

如果你在乎，對方就會注意到。

我的兄長強尼很有這方面的天賦，他是個很有趣的人，也很會說故事，可是更重要的是，他對自己以外的人更感興趣。

每個人都會為他著迷，並且很快就把注意力放在他身上，包括他的姪子和姪女、同事和同學，還有在飛機上認識的陌生人。他對人們的愛彷彿具有磁力，越認識他的人，感受到的吸引力就越明顯。

聆聽並且把注意力放在他人身上，是他最厲害的才能。

人們會感受到他的在乎和關心，以及他記得每個人的用心。只要他在場，他總是能聽到其他人容易漏掉的事情。他就是可以做到更了解他人，更深入地認識每一個人。

在與人們交談時，當下聆聽可幫助我們掌握對方的想法、見解和偏好，而非直接放棄對話或試著改變話題。

我們要讓對方感到放心，進而使他們願意說出自己的想法，而他們會很驚訝地發現你的重要性，因為你不僅把他們聽到的噪音變得小聲，還幫助他們移開對其他生活瑣事的注意力。於是，人們將會對你留下深刻印象，因為對他們而言，與你交談變成是件很重要的事。

吵鬧環境催生一本書

在喧囂時刻聆聽，會得到關鍵性的指引

有些設定會產生更多噪音。湯姆・艾恩哈特（Tom Earnhardt）是美國聯合特種作戰司令部（Joint Special Operations Command，JSOC）參謀官，與他共事的都是菁英中的菁英，他們要一起在期限內完成關鍵任務、處理數十個緊急問題，以上工作都在爭奪他的注意力，要他立刻採取行動。「我很快就知道，噪音是一種生活方式，所以我訓練自己要仔細聆聽上司的話，並且不漏掉任何與司令部有關的消息。」他說道。

2010 年，軍官蕾貝卡擔任其中一支部隊的公共事務官。她是新到任的事務官，非常認真處理她聽到的所有噪音。她負責帶領團隊，全力處理一件額外任務，可是資源卻不足，且團隊的對內和對外溝通都令湯姆感到憂心。

「我知道她遇到哪些問題，也知道她面對哪些噪音。」湯姆解釋，「不過那些都是她要處理的問題，不是我，所以我讓她自己想辦法，直到後來她打電話給我說有急事。」

她被指派要制定一項改革計畫，以改善這支部隊在這充滿挑戰的環境中與各方溝通的策略。蕾貝卡提出大膽又幾乎不符現實的要求，而湯姆在坦言這項要求很有挑戰後，也點頭同意會給她幫助。他知道蕾貝卡已陷入困境，幾乎不知該從何處著手。

「現在她的問題也成為我的困擾了。」他接著說，「所以，我說我需要一點時間思考，幾個小時後我會給她回覆。」

湯姆承認自己當時已深刻體會到內心發出強烈噪音。不過他聆聽她說的話，並規畫一段安靜時間，以思考更周密的解決方案。

「起初，我完全不知道該怎麼幫她。」他說，「可是我花了一

些時間反思：『我認不認識可以幫上忙的人？』大概五年前，我接到一個類似的艱鉅任務，當時我遇到一位行銷公司的高級主管，他要從芝加哥前來協助我當時的上司考德威爾少將，進行擔任駐伊拉克多國部隊發言人的準備。於是我打了一通電話，將那位行銷專家介紹給蕾貝卡。」

小記：這故事值得一提，因為湯姆聆聽後，利用安靜時間想到了解決方法。而這件事也成為我著手撰寫《簡潔的威力》的契機。

　　並非很多人擁有「當下聆聽」這項才能，而願意將這項才能貢獻出來的人更是少之又少。

　　正如我前面提到的，在你所認識的人之中，能做到當下聆聽的人可能不到 5 位。希望你能成為那 5 位中的一位，那麼你將能出類拔萃。

▎回想一下

- 當與他人交談時，你會專注並維持注意力，還是容易被內在或外在的噪音分心？你懂得當下聆聽嗎，還是只是在等待機會打岔說出自己的意見或觀點？
- 在你認識的人之中，誰是出色的主動聆聽者？
- 你會怎麼做來讓自己成為當下聆聽者，並對自己和他人發揮這項才能？

本章重點整理

多加練習以養成當下聆聽的習慣，不僅可深化與他人間的互動，更能鞏固與家人、朋友及同事間的關係。

有目的地傾聽他人，對方也會回饋他的注意力和時間，進而讓周遭環境的噪音變得小聲。

Part
IV

專注力管理

我們能學習一些技巧，
幫助周遭親友重新找回平靜。

專注力管理入門

專注力管理的意思是，我們有責任讓身邊的人集中他們的注意力。當身邊的人被資訊淹沒，我們要堅強地站在岸上，向他們拋擲救生索。我們的客戶、同事和孩子可能因重度成癮、無法切斷連線，而被捲入資訊海洋之中，他們會經常分心就是因為已經無法阻止自己去獲得更多資訊，也無法要求自己不可轉移注意力。

他們需要我們大膽地做些不一樣的事，來幫助他們。

我希望大家能把自己視為一名「專注力經理」。無論是在各種場合或關係上，你都可以替自己冠上這個非官方職稱。這個看不見的榮譽勳章，也許能拯救那些屈服於噪音的人們，認識你的人可能因你而不至於被成日不停歇的周遭噪音吵成聾子。

正如我們在前面討論到的，改善個人的注意力是自己的責任，藉此保護大腦免於被資訊過度密集轟炸。然而，除了要對自己負責，我們也責無旁貸要站出來幫助家人、同事和朋友克服噪音關卡。他們也許不清楚資訊超載的威脅或後果，也可能缺乏必要紀律以掌握生活中最重要的事。

當他們無助時，不妨伸手協助。

是時候斷電了

噓！現在是安靜時間！

▍主動改變環境

噪音會招來更吵雜的噪音。

　　無處不在的電子螢幕只會放出靜電干擾，而不是洞見、智慧，以及知識。科技冷酷地催生更多噪音，讓世界變得不美麗又吵雜。2018 年時，有人利用統計分析軟體 Statistica 來分析這個世界每分鐘發生的事情，這些統計數字看起來挺驚人的：

　　・在影音平台 YouTube 上，被觀賞過的短片高達 430 萬支。

　　・在圖片分享平台 Snapchat 上，已經刊登 210 萬張照片。

　　・該年累計總共有高達 1300 萬則簡訊發送次數。

我們需要阻止資訊的大潮席捲這個世界，不過要阻止資訊密集轟炸並不容易。誰願意起身對抗噪音，並成為一位專注力管理者呢？

　　幾年前，我的大女兒喬安娜慶祝 15 歲生日時，邀請十幾位中學同學參加她的慶生晚會。當時是 3 月底，芝加哥的郊區還沒有溫暖到可以待在室外。當她的朋友抵達後，我的 8 歲小女兒瑪妲做了一件讓人出乎意料又神奇的事。喬安娜的朋友人手一支智慧型手機，瑪妲知道她們肯定整個晚上只會滑手機，於是她決定拿著一個大型塑膠籃，並告訴（不是詢問）那些年紀幾乎大她一倍的姊姊們，一進門就要把手機放到籃子裡。

　　當時我就在附近，我聽到她充滿自信又大膽地說：「手機放在這邊就好了。這裡很安全，回家前妳一定不會忘了拿走的。祝妳今晚玩得開心。」

　　我愣住了，而且十分以她為傲。她是一位多麼優秀的領袖！沒有人請她收走手機，反倒是她挺身而出，且知道自己的介入會讓她們度過一個截然不同的派對時光。

　　她做得對極了。那一晚，所有女孩都參與了每一項派對活動。沒有人想要或有意在社群媒體發布貼文，或者查看她們的手機。為確保每個人都能玩得很盡興，這是一項冒險之舉。

　　幾年後，輪到瑪妲舉辦自己的慶生會，她也做了一樣的舉動。儘管後來她還有點猶豫該不該這麼做，但她知道這是為了讓朋友也能玩得開心。

　　同樣地，瑪妲和女孩們都能更專注、玩得更盡興。

····· { **值得分享** } ·······································

丹尼爾・高曼《專注的力量》
一本值得集中注意力閱讀的經典

　　我們一直在強調能保持專注力是件非常寶貴的事。但諷刺的是，事實上市面不乏出版許多以專注力為主題的書籍，所以人們反而容易會對這類書籍視而不見，但我在此提及的是一本經典暢銷書。

　　這本書各章節的標題，都已點出此主題應該討論到的各項重點：「剖析注意力」「基本知識」「注意頂部與底部」「心思飄移的價值」「自我覺察」「從他人眼中看見自己」等。

　　他的文筆流暢且平實，借用與生活息息相關的例子，提出每個人都可以做得到的方法，所以當我在看這本書時，無法停止不做筆記。

　　其中有一章特別吸引我，那就是「自我控制的良方」。高曼強調我們必須控制自己的衝動，以及衝動管理在日常生活扮演的關鍵角色。他特別提到，注意自我控制是成功管理衝動的預測因子：

　　驚人的是，經統計分析後發現，從小時候的自我控制能耐就能看出一個人成年後的個人財務及健康狀況（以及犯罪紀錄），這個預測因子就跟社會階級、原生家庭的財富情況或智商一樣。想得到成功的生活，意志力是完全獨立的一種力量。實際上，研究已經證實小時候的自我控制，比智商或原生家庭的社會階級，更容易推測未來是否能擁有更好的財務狀況。

　　這本書帶給我許多新知，我從中得到許多啟發。

小記：這本書值得一提，因其將注意力的價值講得很透澈，是本值得細讀每一頁的書。而且本書提出的觀點及提升專注力的技巧，都是歷久彌新、禁得起時間考驗的內容。

▍專注力管理者

現在，我們需要扮演一個重要角色，就像我的小女兒瑪姐一樣。我們需要幫助那些其他人抵抗噪音，因為那些噪音正不斷引誘他們分心，使他們無法集中注意力，於是無法過著真正的生活。

我們必須挺身而出。

我列出一些身為一位引導他人改善注意力缺失問題的專注力管理者，所必需具備的特質：

- **領導力**：當別人已經選擇接受現狀時，你卻願意負起帶領責任。
- **清楚易懂的溝通**：說／寫清楚，易懂又簡潔。
- **專心致志**：改變他人及其環境造成的問題，是你最關心的事。
- **不必感到抱歉**：不必請求許可，果斷執行任務。
- **無私**：真誠地關心他人的幸福。
- **紀律**：擁有強大意志力，不斷且堅決地說不。
- **勇氣**：不怕做出反面決定。

我們的世界已經被無意義的噪音淹沒，人們對噪音習以為常。這不僅是孩子的問題，也是身為父母、上班族的我們，以及我們周遭朋友的問題，我們都時常與噪音為伍。有人必須主動採取行動，以確保這些環境不會像往常一樣，被塑造成不需動腦筋的地方。

需要有一小群人，低聲地告訴大多數人，「我們都受夠了」。

一個人也可以改變社會。儘管人類歷史已經證明這句話是真的（無論是往好或壞的方向），但對於大多數人來說，自己似乎不太可能成為那位能改變社會的人。當資訊超載與壓力累積快要壓垮所有人時，你能做些什麼？你會大喊「停止」，並期望事情能就此改變嗎？只是無聲地抱怨，會對任何人產生幫助嗎？

其實只需要一位有心促成的人，就可開始推動減噪運動。

在這個吵雜世界，我們能從一些日常活動開始推動改變，比方學校、家庭、辦公室以及生活圈。以下有一些方法，可供各位參考如何從小地方著手：

- **選擇離開不重要的會議**：當發現會議討論缺乏重點時，你願意要求對方提供更好的議程，或者乾脆退出會議嗎？
- **不在家庭聚會時間當低頭族**：你會要求家人在吃飯時跟彼此聊天，且不要上網嗎？
- **不隨時掛在社群媒體**：你願意省下使用社群媒體分享一則關於剛才吃的三明治，但不值得其他人花時間看的貼文嗎？或者選擇乾脆登出社群媒體？
- **不再沉迷科技**：你願意多接觸紙跟筆，而非螢幕和平板電腦嗎？
- **不期待別人總是在線上**：你願意告訴自己要有耐心，且不要批評那些沒有馬上回覆你的簡訊或電子郵件的人嗎？

這些方法也許看起來微不足道，可是只要願意做出改變，就能發揮影響力。我們要先轉念，才能期待情況會有所不同。現狀已成定局，但我們可從小地方開始突破。

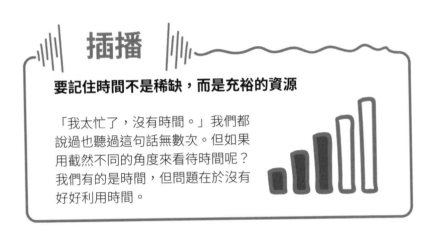

插播

要記住時間不是稀缺，而是充裕的資源

「我太忙了，沒有時間。」我們都說過也聽過這句話無數次。但如果用截然不同的角度來看待時間呢？我們有的是時間，但問題在於沒有好好利用時間。

▌專注力管理的預設按鈕

「專注力管理者」的職務說明可能包含：「身為領導者，想要幫助自己的朋友、家人和同事停止擔心毫無用處的資訊、停止附和無意識的情緒，以及停止助長資訊成癮。必須擁有堅強、喜愛安靜，以及追求清晰的特質。」

伊芳就屬於這類型的領導者，無論是在職場還是在家裡。

伊芳獨自扶養三個孩子，但她是位與眾不同的單親職業婦女。她的孩子們在校成績名列前段班、運動表現出色，也結交許多朋友，不過他們已經從小就習慣當其他人的父母都表現得寬容時，

母親卻會向他們說「不」。

她擁有堅強的意志力，並希望培養孩子成為均衡發展的成年人，也就是懂得自制、專注於重要的事，以及清楚知道應該如何避免青春期可能會出現的情緒變化。

在工作上，當遇到只有討論而沒有實際作為的會議，伊芳的容忍度幾乎是零。她制定一些規則，限制下班後及周末使用電子郵件的時間。當她與客戶溝通時，她總是拋出更好的問題，並且更精準地聆聽客戶想法。大家都很喜歡她的專注力，也會主動指名要與她合作。

伊芳的桌子比其他同事更整齊，她的老闆總能從她那裡直接得到答案，也因此她被交付更多的責任和工作。

簡單來說，她在公司時專注於工作，在家時投入家庭生活，她不會讓任何一個環境改變她。於是，她改變了那些環境。

為了在收音機上找到喜歡的電台，我們可以設定預設鍵來快速鎖定電台頻道。同樣地，我們可以幫助其他人管理並設定他們的專注力，使他們持續並預先集中注意力。

為鼓勵你成為一位優秀的專注力管理者，我會用接下來的章節來解釋這些做法：

· 更好、更精簡。
· 魔術師般的溝通技巧。
· 準備、組織，以及設計環境。

· 想像自己是一位牧貓人。

這些預設按鈕，可幫助你成為一名合格的專注力管理者。

▎回想一下

· 當讀到瑪姐拿走派對上所有女孩的手機時，你的第一個反應是什麼？一想到不能拿著手機，你會備感壓力嗎？接著想一想如果只是暫時不能碰手機，你會覺得鬆一口氣嗎？
· 你可以選出一個日常生活環境，開始練習專注嗎？當與家人或朋友一起吃飯時，也許可以請他們關掉手機。不妨先從簡單的地方開始。
· 伊芳的哪個習慣，是你可以學起來，並融入到生活上的？你可以利用伊芳的習慣，讓自己成為一位專注力管理者嗎？

本章重點整理

　　我們的朋友、家人及同事已經被噪音淹沒，他們已經沉迷其中。他們需要像你我這樣的「專注力管理者」，幫助他們擺脫困境。

　　請思考有哪些方法，可以幫你做好專注力管理者的工作。

Chapter

17 精簡溝通

　　我們已經習慣聽到很多噪音，無論是在會議中（人們七嘴八舌地開會）、聽取機上安全簡報（周圍講話的雜音讓人聽不清），還是檢查更多電子郵件（大部分郵件只需概略瀏覽就可以刪除）。

　　隨著詞語不斷堆疊，想忽略大部分的詞語都很難辦到。

　　要是我們能持續保持簡潔扼要呢？能收到簡潔的資訊，價值堪比黃金。有位以簡明風格聞名的作家曾經分享自己寫作的祕密，那就是他會刻意遺漏讀者可能會跳過的文字。

　　為人聰明，做事簡潔，適時離開。想像這會是個什麼樣的世界？

- · 要是能在一開始就清楚說明這場會議的目的和議程呢？這可以省下所有人的寶貴時間，並提高生產力。
- · 要是機上安全簡報能把風險說清楚呢？這可以確保乘客在面對突如其來的緊急狀況時，能即時做出反應。
- · 要是只要看電子郵件的主旨就能得知信件的主要目的呢？我們就能立刻點開郵件、迅速閱讀內文，並知道該如何撰寫回信。

在我的認知中，挫敗感的意思是指未滿足的期望。當人們進行溝通時，我們周圍的人期望得到簡明的資訊，於是當他們不得不在冗長又複雜的訊息堆中挑選必要資訊時，就會感到生氣和不耐煩。沒有用處也不重要的資訊正在慢慢淹沒他們，於是他們得不停拚命找到重點。

簡明的資訊就是他們的救生索，要是得不到，他們就會淹死。

▌聽起來很重要，但毫無價值

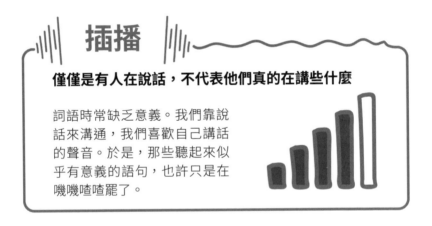

僅僅是有人在說話，不代表他們真的在講些什麼

詞語時常缺乏意義。我們靠說話來溝通，我們喜歡自己講話的聲音。於是，那些聽起來似乎有意義的語句，也許只是在嘰嘰喳喳罷了。

我們經常聽到一些行話，可是我們甚至沒發覺大腦已將那些專業術語當成靜電干擾。

策略性利用平台換取規模成長。統包方案能強化企業的品牌

影響力。抓住交叉銷售機會，增加錢包占有率。

這些話聽起來很重要——其實它們毫無價值。

行話，真的能幫助人們了解他們需要知道的事嗎？根據我與專家、主管人員溝通的經驗，他們總是一來一往地使用那些業界術語。他們使用業界術語溝通，是因為想要顯示自己的學識和地位，但這也有點像在告訴大家：「我可是業內人士。」他們甚至沒發現，自己正在訓練別人如何忽視他們。

而且這些語詞常無法給聽眾想要的，含有真正意義的清楚訊息。取而代之的是如垃圾食物般的語詞——空有熱量，卻毫無營養。

為表達對業界術語的不重視，《華爾街日報》製作了「業界術語產生器」。基本上這個產生器會隨機排列詞語。但令人感到害怕的是，這個產生器建議的詞語，有些看起來就像是我們每天會從他人嘴裡聽到的術語一樣：

我們需要部分垂直整合我們的光學。
我們需要策略賦權給戰情室。
我們需要確實儲存我們的增值。
我們需要水平打開恆溫箱。

我敢打賭，你下次開會時肯定會脫口說出類似的詞語。我敢說甚至沒有人會注意到，也許這正是我們喜歡說行話的原因之一。

因為我們認為說這些話的時候，沒有人會提出問題。但真正的風險在於，聽眾可能會忽略我們，並讓對話繼續進行下去，而我們正在訓練他們不要注意自己到底在說些什麼。

▍正在失去意義

有一次，我到亞利桑那州鳳凰城參加全國銷售大會，那時候我的訓練中心替一間正在進行大型改造的公司舉辦訓練營。當我們請這家公司的銷售員用自己的話來介紹公司時，有趣的事發生了：他們還是繼續使用那些業界術語，表達自己的想法。

**商業行話是
噪音產生器**

令人驚訝的是，居然
有那麼多詞語變得
沒有價值。

價值動因
深度探討
揭露內部計畫
深入研究
有所改變 典範轉移
共同合作 雙贏 敏捷
朝令夕改 已引起我的注意
深度探討
把握良機 事情就是這樣 創意
賦權 告訴我一聲 忙得不可開交
讓我們重新思考
積極做到最好 做事井井有條
OK **改變局勢的人** 全體
想都不用想 最佳示範
靈光乍現 **協同**
串連相關資訊 不出所料

在整個活動期間，我們設計了一些挑戰，讓他們談談自己在這間公司的親身經歷，比方說他們過去、現在，以及未來的計畫，目的是為了幫助他們能簡潔且誠懇地回答客戶的簡單問題：「嗨，最近有什麼新事物可以跟我分享嗎？」

只要他們可以調整過來，他們的故事就能說得更真實，並確實吸引對方的注意力。

當注意力廣度縮減而資訊消耗量增加時，我們必須學會精簡溝通，才能確保對方能「聽到」並「理解」我們。使用業界術語或許看似能顯示自己的能力，可同時也會導致更多混淆情況。

很少人能說得、寫得既清楚，又簡單。

▌由你帶頭改變

我們可以做些什麼，阻止自己和他人不要變成像《華爾街日報》的隨機術語產生器那樣的「無意義專有名詞」製造者？我在這裡提出兩個建議：

· **更加注意**：行話已經成為壞習慣。注意你的用字，試著多留意選用的詞語，並鼓勵別人也這樣做。你會很驚訝地發現自己和身邊的人有多常遇到這些如垃圾食物般的詞語。現在就捨棄。

· **保持簡單**：當注意到自己沒必要把某件事說得更複雜時，建議「換句話說」，並使用更普通的字重新整理想說的話。

你將發現接下來會說得更簡單、更清楚，恰巧如你想表達的。如「企業行為態度及責任」會變成「在這裡做事的方式」；「員工賦權」可代換成「每個人都有做決定的權力」。

當詞語失去其本身的價值，即便我們十分努力和彼此溝通，還是無法讓組織有所改變。結果導致噪音很大但無法吸引人們關注，這是大家都不樂見的情況。

另外要格外注意的風險陷阱是，當我們使用混亂又資訊超載的科技來溝通時，我們想傳達的資訊很容易被淹沒。要是人們不懂得精簡表達，那麼當父母、老師、主管和醫師，要與孩子、學生、團隊以及病患溝通時，前者將會製造出更多噪音。

人們到底真正聽到了什麼呢？

幾年前，美國印第安納大學男子籃球隊總教練湯姆・克林（Tom Crean）帶領球隊贏得大學籃球聯賽冠軍。後來有位攝影組人員在休息室拍到總教練樂不可支的畫面，他對自己的選手感到十分驕傲，那個畫面非常有張力和感染力，因為他們都沒料到這支球隊能贏得該年度的冠軍。

當選手正在慶祝時，克林總教練也跟大家擠在一起，並說一些恭賀他們的話。

「各位，這是你們掙來的寶貴回憶。」他這麼說，是為了讓選手可以了解到，這次贏球是一次莫大的成就。接著他又講了約莫兩分多鐘，他提到許多事足以讓選手更重視這場比賽。大概過了一分鐘之後，可以看到選手漸漸開始失去興趣，有些人甚至開

始鼓掌，暗示總教練該結束演講了。

但他們的反應並沒有發揮效用，總教練還是繼續講話，他那具有張力的開場白被漫長評論和見解淹沒，甚至大部分球員都沒有聽到。

為什麼他如此熱情地演說卻反而失去聽眾？因為他沒能保持精簡。他只需簡短地講幾個字，就足以激起大家慶祝贏球的興奮之情，可是他卻讓整段話聽起來更像在上課，或是賽前鼓舞士氣的精神喊話。

1940 年，英國首相邱吉爾全心投入二戰，以對抗德軍對英國領土的進犯。可想而知他每天要參加無數場會議，以及頻繁與各部會首長討論及溝通，才能制定出完美的作戰計畫。

某一次他已經忙得焦頭爛額，便發了一張備忘錄給作戰部，標題只有兩個字：「精簡」（Brevity）。

「要完成我們的任務，需要讀很多資料。幾乎所有資料都太繁重了，所以閱讀起來很浪費時間，因為我們把精力都花在找枝微末節。」他寫下這段文字，目的是要求內閣寫報告要簡短又清楚。他接著寫下這篇備忘錄的結語：「這麼做可省下更多時間，把真正的重點簡明扼要地列出，這能促使思路加倍清晰。」

多年後，邱吉爾的備忘錄仍是我們要努力克服的挑戰。身為一位專注力管理者，我們的目的是要幫助人們省下時間，並致力追求最重要的事。

▌精簡溝通，專注力管理者的必修課

當我出版第一本書《簡潔的威力》時，訝異地發現人們對這本書的眾多正面回饋。很多人開始告訴我他們想學習這個珍貴技能，特別是因為每個人都變得容易分心、難以專注，且沒有耐心。

我曾提過，教育決定我們是否能做到精簡溝通。如果每個人都如此忙碌，該如何學會抓住並吸引他人注意力的基本技巧呢？我們的專注力會逐漸消失，因此需要知道該怎麼做，才能掌握這些技能。

各級教育的課程必須納入這些技能與策略，公司也必須直接將它們列為目標之一。無論是在寫短文或電子郵件、在非正式或正式場合與他人交談，或者參加大學入學考試、工作面試、培訓以及執行業務，這些技巧將可能影響後續的情勢。不妨考慮一下這麼做可以帶來的正面收穫：更高的成績、敲定一筆生意、職位升遷、累積人脈或進入頂尖大學。

某次我收到一位學員的電子郵件。塔瑪爾是一名退休軍人，那時她正準備要去讀法學院。她寫了一封感謝函，謝謝我教她這些精簡的技巧。「當我準備提交法學院寫作課的第一篇文章時，我本來很擔心，因為我的文章跟其他同學寫的散文風格不太一樣。」她分享道，「結果我收到教授的評論，說我簡潔又簡易的風格令他感到耳目一新。他還補充說，最近律師界的寫作風格有日漸變得簡易的趨勢，尤其是合約書，好讓一般民眾更容易理解條約內容。」

正如塔瑪爾的故事，將有目的性又精簡的語言納入你的「工具箱」，你將能對身邊的人產生正面影響，並讓他們的生活更美好。這正是專注力管理者的職責。

對軍事領袖及商業領導者而言，我們舉辦的工作坊、線上課程，以及主題演講不只能鼓勵他們力求精簡，還能使他們獲得實用工具，以利他們準備並傳達更簡短、更有力的訊息。

我希望各位都能把精簡當成一種適應策略和黃金標準，從而得到更豐富的收穫。你將發現自己正是那個關鍵角色，可幫助周遭保持更專注的態度。無論是商人想銷售某樣產品、老師希望學生更融入課堂，還是朋友之間期待彼此好好交談，他們需要做的事都不盡相同。他們要刪減並重組，才能表達出更精簡的資訊，藉此創造更好且更深刻的互動。

▍精簡溝通的基本

要同時成為一位合格的精簡溝通者和專注力管理者，得先知道有哪些共通點會令人分散注意力，並影響他人理解自己想溝通的資訊。對此，我有一些個人建議：

1. 強調主題

- **目的**：以最重要的想法帶領溝通。
- **好處**：避免會淹沒重點或錯失重點的面向。
- **作用**：立刻抓住人們的注意力。

2. 去蕪存菁

- 目的：去除那些令人難以理解的冗餘資訊。
- 好處：移除需要費力才能理解真正細節的障礙物。
- 作用：簡化訊息，減輕對方的理解負擔。

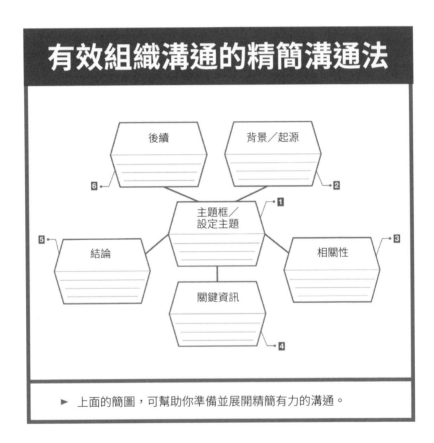

有效組織溝通的精簡溝通法

後續 6
背景／起源 2
主題框／設定主題 1
結論 5
相關性 3
關鍵資訊 4

► 上面的簡圖，可幫助你準備並展開精簡有力的溝通。

3. 製作心智圖

- 目的：利用畫圖組織邏輯思路。
- 好處：不會使訊息看似凌亂、無邏輯可循。
- 作用：創造流暢、合乎邏輯的資訊流。

在這個複雜世界，簡化是你我可能擁有的最珍貴技能之一。簡化有利於組織並鞏固資訊結構，進而使別人更輕鬆就能消化資訊。想要告知、解釋、更新以及說明資訊，關鍵在於簡化。

▍清晰是第一要務

正如邱吉爾的備忘錄結尾，資訊清晰就是我們想要的結果。當你成天都受到干擾，這時如果突然聽到一則清楚訊號，你會停下並加以留意。想像一下你正在轉電台頻道，突然間聽到一首喜歡的歌曲，你一定會覺得這首歌的旋律清楚無比。

專注力管理是協助處理人們的疏忽（他們難以留意的 600字），並幫助他們鎖定在最重要的事情上。

清晰，是個稀有物。

想想在以下情況中，簡潔溝通有多重要：

- 當雙親非得懲罰小孩，他（她）要向小孩解釋懲罰的意義時。
- 當創業家要向投資人解釋資金運用流向時。

- 當藥師要描述某種藥物的副作用時。
- 當技師要解釋例行性的維護工作時。
- 當牧師試圖安慰某個失去父母的家庭時。
- 當配偶分享是什麼讓親密關係產生摩擦時。
- 當跳傘教官解釋萬一降落傘未正常開啟的應對程序時。

在這些時候，簡潔會促使資訊變清晰。更精簡，更好。

▌回想一下

- 你個人或公司在職場上時，會使用哪些術語？你可以化繁為簡，拿掉那些行話嗎？
- 平日你可以在哪裡實踐簡潔溝通的基本要領？現在就能開始嗎？
- 回想最近的會議或課堂練習。為抓住聽眾注意力，你覺得做哪些事有助促進溝通？

本章重點整理

　　無論是工作、上學或在家裡，我們都是噪音的來源。要替別人去除冗餘的噪音，我們需要更精簡地表達自己。

　　除去不必要又不清楚的噪音，人們才能聽得見你。

Chapter

18 | 像魔術師一樣溝通

　　魔術能混淆我們，帶給我們娛樂效果，更神奇的是，魔術會讓我們**把注意力放在錯的地方**。正如在之前章節提到的，我希望各位能擔任專注力管理者職位，而這份工作跟魔術師很相近，不過不同之處在於：必須讓人們**把注意力放在對的地方**。

　　正當我思考這些年來學到以及分享過的那些成功獲得，以及維持他人注意力的溝通技巧時，我想到了魔術。這是一門藝術，利用巧思、計畫、排演、調整，以及持續演練好幾天、好幾周甚至好幾個月，只為一次完美演出。

　　這正是魔術師神奇的地方。

　　有一次，我偶然收聽到播客《美國生活》（This American Life），其中一集名稱叫「魔術秀」，節目主持人艾拉‧格拉斯（Ira Glass）回憶小時候學習魔術技巧的過往。當收聽完後我腦海突然出現一個領悟：有效的溝通者，就跟魔術師一樣，魔術表演其實就是專注地與人溝通。格拉斯回憶道：

　　當我在賣魔術用品的店家買了一套魔術戲法後，店長把我帶到後面房間，要我坐在一張桌子前，然後進行一對一魔術教學。

我記得負責教學的員工很親切地向我分享表演技巧，例如要做出哪些手勢、肢體動作該怎麼設定，以及何時要停頓一下以營造戲劇效果。這些人非常認真地教導我魔術技巧，以及分享這些祕密，這真是件令人興奮的事。

於是，我開始積極想要了解其中的關聯性。

無論是把硬幣變不見、讀心術，還是把自由女神像變不見，魔術把專注力管理發揮得淋漓盡致。

本著相同精神，接下來我們仔細看看魔術與溝通的共通之處。有效率的溝通者需要掌握哪些關鍵技巧，才能成為大師級的專注力管理者？

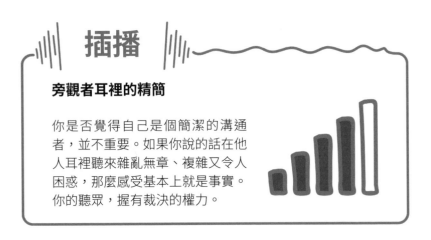

插播

旁觀者耳裡的精簡

你是否覺得自己是個簡潔的溝通者，並不重要。如果你說的話在他人耳裡聽來雜亂無章、複雜又令人困惑，那麼感受基本上就是事實。你的聽眾，握有裁決的權力。

▌魔術花招背後的大腦科學

心理學家和神經學家做過大量研究與分析，探討魔術師是如何操控人們的認知。知名作家蘇珊娜・馬蒂內茲—康德與精神學家史提芬・邁克尼克共同撰寫的暢銷書《別瞪大眼睛看魔術》中提到：「魔術師是意識和認知的藝術家，他們都擁有專家級的操控注意力能力。」

蘇珊娜和其他專家發現，厲害的魔術技巧能改變觀眾集中注意力的時機和地方。魔術師厲害之處在於，他們必須十分了解大腦時時刻刻的運作模式。

舉例來說，當魔術師做出弧形手勢時，觀眾的大腦就會從頭到尾注意他的手勢。假如魔術師用手做出直線移動，觀眾的大腦會預期他的手會從 A 點移動至 B 點，然後再從 B 點回到 A 點。關鍵在於，魔術師要讓觀眾的雙眼跟著手勢移動，這樣他們才不會注意戲法是如何變的。

這就是利用轉移注意力來蒙騙觀眾，哄騙大腦去看、去注意其他地方。此外，魔術師還會利用人類的聽力及天生愛聽故事習性，管理我們絕大部分難以留意的 600 字。當魔術師在說故事給我們聽時，他們會利用一些詞語來誘使我們內在的聲音進行交談，就像是兩位保全突然聽到某個奇怪聲音，當他們去調查聲音來源時，小偷便趁隙潛入。

一切都是刻意安排的，魔術沒有非人為的成分。

我們大腦內建的假設及天生的理解傾向，正是魔術的核心。

魔術是經過精心安排且完美呈現的表演，不只是觀眾會全心全意投入並感到嘖嘖稱奇，連神經科學家也有相同感受。

在艾拉‧格拉斯的播客中，他想起年輕時學習過哪些魔術技巧，他還記得曾經穿了一套燕尾服，表演從商店買來的入門等級魔術，所以在表演時連他自己都覺得難為情。

「我還記得要怎麼變那套魔術，其中有些是很老掉牙的戲法。」他說，「可是那時我敢說，觀眾都很入迷，他們從頭到尾都沒有移開視線，人們可一點都沒有焦躁不安。」

多練習，才會有完美的魔術表演。

當一開始運用一些簡單溝通技巧來得到人們的關注時，你可能也會有同感，儘管做來不是十分自然、有點好笑，甚至太過刻意，你仍必須占據主導位置，來聚焦其他人分散的注意力。就像個魔術師，你將領悟並自由運用那些溝通技巧，讓身邊的人神奇地只關注你。

我變，我變，我變變變

魔術師，是最厲害的專注力管理者。

▌13 種神奇的溝通技術、技巧及訣竅

享譽世界的魔術師組合「潘恩與泰勒」（Penn & Teller）中的魔術師雷蒙·泰勒（Raymond Teller）曾說過：「如果你精通一套魔術戲法，我是指真正掌握到精髓，包括這項魔術的心理原理，那麼你就能把這套魔術表演到出神入化境界。」接下來，我將透露幾項容易吸引人們注意的「祕訣」。

1. 指名道姓

· 原理：吸引某人，並使其更集中注意力。

· 想像一下：當你第一天上學時，老師對學生進行隨機點名。（老師是怎麼知道所有學生名字的？他會不會點到我？）

· 練習看看：當你在跟對方交談時，試著提到對方名字兩次。第一次是在開頭時，第二次則是在交談結束前。兩次提到名字的間隔不要太近，當提到對方名字時，注意看他們的眼睛如何移動，以及他們是如何集中注意力的。

2. 黑臉與白臉

· 原理：表現出兩種極端。

· 想像一下：當你收到一封電子郵件，主旨是「有壞消息，以及一些好消息」。（我要點開來看。）

· 練習看看：試著跟一位青少年、朋友或同事談話，問一問他們今天過得如何。與其問平凡的問題，不如這麼問：「今

天你遇到最棒的和最糟糕的事是什麼？」觀察他們停頓及反思的頻率，而且他們還會試著更完整地回答你的問題。

3. 善用數據

- 原理：提出數量。
- 想像一下：當你聽到一則笑話，開頭是：「有三個傢伙走進酒吧，每人都點了 1 品脫健力士黑啤酒……」（接下來呢？我想聽下去。）
- 練習看看：在寫電子郵件時，先在主旨欄寫下想提及的重點數量（比方說，我們有 4 種方式可優化安全性），接著在郵件正文寫下一句簡短句子，以及列出那 4 項要點，最後以請對方回信為結尾。注意看你有多快就收到回覆。

4. 說故事時間

- 原理：訴諸我們對聽故事的熱愛。
- 想像一下：公司新上任的主管召開第一次內部會議，她一開頭便簡單分享自己在職場上犯過的最大錯誤，以及如何克服挫折的故事。（我已經開始喜歡她了。她很真摯，而且也懂得從錯誤中學習。）
- 練習看看：在回答面試官問題時，請事先準備好簡短故事以派上用場（比方說，當面試官請你「簡單自我介紹」，你可以說：「我是個有堅毅性格和目標導向的人，請讓我分享一個小故事給您們聽。」）。觀察他們聽你說話時的

態度，以及他們會從哪一段故事提出接下來的問題。

5. 欣賞圖片時間

- 原理：以視覺方式誘使人們集中注意力。
- 想像一下：為讓孩子吃飯時遠離手機，父母將一群孩子傻愣愣地盯著手機螢幕的畫面拍起來，還加上一個有趣標題。接著他們把相片洗出來，貼在冰箱上。（我不想變成時時都盯著手機看的呆子，所以我最好聽父母的話。）
- 練習看看：在做簡報資料時，每頁使用一張大圖，並且搭配簡易標題。一張圖勝過千言萬語，你將發現那些圖片成為觀眾焦點，以及更能掌控他們的分心程度。

6. 中場休息時間

- 原理：每個人都需要的休息時間。
- 想像一下：你們正在開一個很重要的籌備會議，會議主持人突然宣布休息 10 分鐘，打破沉悶的會議氣氛。（我欣賞這個人，因為他注意到會議進度已經進入瓶頸且令人覺得乏味。我喜歡中場休息，而我們也真的需要休息一下。）
- 練習看看：萬一遇到吵得不可開交情況，試著要求暫停幾分鐘，讓頭腦恢復清醒，緩一緩情緒。你們會發現過了幾分鐘之後，緊繃氣氛已不復見，而且又能專注於討論重要事項。

7. 一個急轉彎

· 原理：製造突然、令人出乎意料的新方向。

· 想像一下：有兩位女士在交談，但實際上都是同一人在講話，顯然他們談不出個結果。另一位女士這才意識到自己沒辦法發聲，但她立刻擔負起專注力管理者責任，迅速截斷話題並說道：「我們換個話題……」然後將對話引導至其他議題。（別被話題牽制住。要是不想跟對方一起跌入深淵，就得先抓緊方向盤。）

· 練習看看：當在會議中發現大家已經離題太遠，不妨站起來打斷討論並說：「我想我們應該回到原點，重新檢討這次的會議主題。」你會發現原本七嘴八舌的討論戛然而止，大家彷彿從一片迷霧中走出來，看見陽光露臉。

8. 隱喻

· 原理：運用隱晦的連結自娛娛人。

· 想像一下：一位媽媽正在建議女兒，擔任校隊隊長一定要表現得更自信，她說：「寶貝，有時你得抓住她們的牛角，才能牛轉乾坤。」（媽媽們有時會說奇怪的話。在足球場上是哪裡找得到牛？）

· 練習看看：假如必須解釋某件特別複雜的事，試著運用比喻方式說明。（例如：我的工作就好比在拔牙；擔任專案主管就像養著一群熊孩子的媽；寫作就像打高爾夫球一樣令人沮喪等。）

9. 強調主題

· **原理**：強調要表達的重點。

· **想像一下**：你下班回家，問另一半：「今天過得如何？」另一半沒說「還可以」，而是明確告訴你：「我們的車得了人格分裂症，開到半路會突然發不動！」（這下我很想知道車子到底發生什麼事，是什麼理由使它突然行為變得古怪。）

· **練習看看**：下次換你主持會議時，訂定會議主題時不要超過 8 個字。精心斟酌每個字，看看會議主題可如何引導及釐清討論內容。

10. 驚人的押韻效果

· **原理**：製造可預見的悅耳聲。

· **想像一下**：你問好友他的新女友長什麼樣子，他打趣地說：「她喜歡笑（laugh），和學習（learn）。」（沒想到，他找到風趣又好學的對象。）

· **練習看看**：當你編寫社群媒體貼文時，不妨思考你的用字，找找看押韻的詞。是不是超級簡單？

11. 提問、評論、觀察

· **原理**：邀請他人加入對話。

· **想像一下**：你正在看某個人做簡報，而且全程都由台上的人講話，直到他說：「我不想只有自己在講話。請花 1 分

鐘寫下各位想到的任何問題、評論或觀察。」（我很開心
這麼做，因為我也想告訴他，剛才分享的故事講得真棒。）

- **練習看看**：當下次做簡報時，在結束前請與會者用一點時
間寫下他們的問題、評論或觀察。（注意：不要要求他們
馬上得寫出來，要先給他們一些思考時間。）觀察看看這
個技巧能不能增加他們的參與感，以及更踴躍地發言。

12. 來點掌聲

- **原理**：製造真實的聲音，促進實際互動。
- **想像一下**：一群好友在一起開慶生派對。為創造驚喜效果，
主持人要吸引大家注意，好讓所有人了解接下來幾分鐘要
進行哪些任務。於是主持人突然用氣球製造出刺耳聲音，
大家頓時安靜下來。（儘管我也很愛講話，但摩擦氣球產
生的噪音可以讓我馬上閉嘴，並且在關燈前把精神放在接
下來該做的事情上。）
- **練習看看**：下次當想要跟某個人說話，卻發現對方很快就
分心時，試著製造一些獨特聲音（比方說拍手、彈指、吹
口哨、重拍某樣東西、小聲說話等），以提醒對方並幫他
找回專注。

13. 喚起記憶

- **原理**：向他人表示你有在聽，也記下來了。

- **想像一下**：一位銷售員在客戶訂購產品後一個月打電話過去。簡短寒暄後，銷售員告訴客戶：「麗莎，上次妳說妳的大嫂生了一個女孩，不知道當了姑姑後有什麼樣的感覺呢？」（是我的話我當然很開心當姑姑了，而我也會喜歡對方記得這些細節。這表示他很關心我，不只把我當成普通客戶。）

- **練習看看**：當別人跟你分享重要事情和細節時，不妨把內容寫下，之後自然地向對方提起這些內容。看看他們會如何欣賞你記得那些大部分人都忽略的小細節。

　　這些技巧都很簡單，可是卻能有效抓住其他人的注意力，並加強他們的關注程度。

　　如果只是偶爾想起才做，那麼任何一種溝通技巧都不會有太大用處。就像魔術師也要花時間勤加練習才能變成大魔術師，只要開始運用這些技巧，你會發現自己十分樂於做一名出色的專注力管理者。

▌回想一下

· 假如你已經很久沒看過魔術表演了，不妨到 YouTube 找一段魔術影片，看看魔術師們的手勢，以及他們在何時何地想要吸引你的注意。

· 從前述的「祕訣」中挑出兩項，並在下個星期練習看看。

本章重點整理

魔術師是吸引人們注意的大師，他們懂得何時何地該這麼做。我們可以運用溝通竅門，成為更厲害的專注力管理者。

我們能怎麼運用這些「祕訣」，幫助他人更專心且聚焦呢？

Chapter

19 | 營造降噪環境

　　噪音無所不在，噪音不只湧入我們的辦公室，也闖進我們的家裡、車裡、教室裡，還有腦袋裡。我們必須採取大膽行動，來保護自己免於無意義的訊息轟炸，以及川流不息的無聊事，所以大家必須從最基本的環境開始，也就是生活、學習及工作的環境做起。

　　我們需要透過環境設計，來避免分心。

　　設定界線來限制和阻止不必要的噪音進入環境，不是件容易辦到的事。不過，我們可以確保身處的環境能夠滿足對於專注力、休息，以及真實互動的需求。

　　・當你走進一般的辦公室或家中，你會看到多少台螢幕？
　　・當你從會議室走回個人辦公室，有哪些地方會收不到訊號呢？
　　・當你不帶任何連線裝置走進教室，你還是能學習嗎？

誰會重新設計這些空間呢？

建築界與設計界似乎已經跟隨這股潮流，從智慧型汽車到智

慧型教室，再到智慧型居家空間都試圖讓所有人時時刻刻能連線。那麼，有沒有誰曾提出反向設計呢？

有的，人性科技中心（Center for Humane Technology）正是該反向設計者，這個組織正試著敲響良心與信念的警鐘：

以後當我們回頭看，這一天將成為人性設計的轉捩點：從今天起，我們要移除那些會分散注意力且侵蝕社會的科技，並且發展科技來保護心智，以及豐富這個社會。

▌失敗的開放式空間設計

如果你有過在幾乎沒有辦公室的大樓裡上班，一開始可能會覺得這種工作環境很吸引人，利於刺激創意和合作精神。然而，在經歷每天實際的辦公過程，你會發現在這種環境下工作很容易導致分心。開放式的工作環境，彷彿是為外向性格的人量身打造，好讓每個人更容易跟彼此交談，並促使彼此合群合作。然而真正的情況是，這樣的工作環境就像在考驗大家必須擁有更堅強的意志，才能維持自身的專注力。

有好幾年我的公司在芝加哥西環租賃辦公室，那一區有許多占地寬廣的大樓，裡面有無數間辦公室出租，是個很受歡迎的地區。那裡的辦公室空間都採開放式，只有幾間以玻璃隔間隔成的小辦公室，所以在裡面辦公的人就像在魚缸中一樣。

我的辦公室兩側都有玻璃牆，讓我覺得自己好像隨時都在被

注視著。這看起來很酷，但這種設計沒辦法營造出安靜的環境，也無法讓人專心工作。由於我的公司很需要團隊合作，因此我們會經常打斷彼此的工作。而且在那裡沒有地方可以躲藏，或者幫助集中與專心。基本上，一切都是大剌剌地開放。

研究發現，越來越多專業人士表示這些工作環境看似理想，可實際上卻是令人痛苦，且工作效率也很糟糕。當然，你可以為了讓更多人彼此合作，所以讓他們在更小的辦公室裡一起上班，可是這會不會導致更多干擾及分心，進而影響個人隱私呢？此外，在這類型的開放式環境中工作，人們幾乎沒有地方可以打私人電話或交談，更別提想找個更安靜、更容易集中注意力的工作區域。

諷刺的是，有份研究發現在開放式環境工作的人與同事之間，面對面互動的機率會明顯變少，他們反而更依賴科技，例如透過電子郵件和即時通訊溝通。更多研究顯示，空間對專注力有直接的影響力。事實上，造成人們對工作場所不滿的主要原因就是絡繹不絕的噪音，以及不斷被剝削的個人隱私。

英國倫敦大學心理學院指出：「當個人必須接連不斷處理電子郵件、簡訊和電話，會使智商分數下滑 10 分。這種影響程度，相當於整夜都沒有睡覺。」

要解決開放式空間設計的問題，答案是找到平衡，並給予人們選擇的權利。在設計辦公室空間規畫時，應給予合作和專注相等權重。

校園圖書館再進化

仿效咖啡廳一邊喝咖啡一邊聊天，也提供「安靜」空間，促進創造力、團隊合作和溝通

如今許多中學校園充滿現代感，尤其是學校裡的圖書館，經過改造後更像時下受歡迎的咖啡店，取代過往隨時都是靜悄悄的閱讀天堂。

馬克・史卡爾（Mark Skarr）是美國伊利諾州內帕維市第 203 號學區的學習共享空間總監，他認為對的空間設計變更，可促成真正的學習經驗。

「我們從傳統的圖書館，變成學習共享環境。我們需要一個能讓學生使用科技的空間，更重要的是，一個讓他們可發揮創意、進行合作，以及溝通的空間。」他說道，「有一場精采的 TED 演講談到咖啡店，並提到要是從歷史上來看，咖啡店是匯聚好點子的地方。」

於是，他的學校勇敢踏出第一步。他們開始重新設計空間，並規畫數個區域，以利學生和老師能更有組織地進行各種合作方式。在新設計的空間中，他們可利用多種不同方式安排座位，這種方式非常受到師生歡迎。他們以玻璃隔板隔出小會議室，方便研究及深度討論議題，也有小教室可容納大一點的團體活動。

「現在，你會聽到他們討論的聲音。」他說，「我們有九個不同的任務在進行，而那些聲音，表示我們離成功已經不遠。」

他坦言這些設計變更雖然滿足了一個需求，可是又出現另一個新需求：避免分心，以及越來越多人需要安靜空間。史卡爾總監知道，他們需要繼續努力，來提供安靜的房間。

目前他們也有空間，是專為「安靜」而設計的。

「大型開放空間有其優點，不過小型安靜空間也有可取之處。」他補充，「我們會規畫出安靜空間，就是因為越來越多人在問：『有

沒有地方可給他們好好思考？』所以他們有了一處寶貴環境，而我們也收到不錯的反饋。」

令我們備受鼓舞的是，我們可供應這兩種空間設計，而且兩種空間設計也都有使用需求。

小記：這值得一提，開放式空間讓人們有更多機會能彼此合作（以及分心）。因此，讓人們可選擇要待在安靜空間，或促進合作的空間，是很聰明的設計方式。

插播

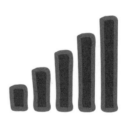

當分心，被誤認成合作

在「開放式動線設計」的世界中工作、生活的我們，專注力很容易被其他事物所吸引，於是分心被誤以為有利團隊合作、發揮創意，以及激發靈感。我們的專注力不只需要安靜的時間，也需要安靜的空間。

▌被螢幕包圍的辦公環境

我們似乎已經接受充斥科技與資訊的工作環境。無論我們走進哪一家企業的辦公室，經過的螢幕之多就像涉水而過一大片海洋。不只是在會議室和接待大廳，在茶水間、員工教育室、走廊、

辦公室、休息室，連電梯裡也都有螢幕。隨著平板螢幕售價逐年下降，這幾年螢幕已經越來越普及，遍布辦公室中的每個空間。

根據職場的社會與文化研究調查結果，專業人士平均一天會花超過 6 小時待在螢幕前。此外，有專家預測在不久的將來，每個人都會使用超過 6 種具有連線功能的裝置。目前每人使用已連線裝置的平均數量是 3.64 台。

除了螢幕之外，還要再加上手機和筆記型電腦。

有一次我到客戶的公司舉辦工作坊，我看到人們參加一場又一場會議，所有人都帶著筆記型電腦，從一間會議室走到另一間會議室開會。當他們就定位並開始聽我講課時，他們會打開筆電並不停打字。我單純地以為他們是在寫筆記，而不是在趕剛才未完成的工作，或者仍在回覆電子郵件。

所以，我們該怎麼做才能重新設計辦公環境？要不要執行一些巧妙又大膽的行動，讓工作場所恢復平衡呢？對此，我倒是有一些想法：

- **開會時禁止帶電腦**：養成習慣將筆記型電腦（以及充電器、筆記本和筆）放在會議室門外，從而促進面對面談話，以及更有效率地交換意見。
- **把手機放在辦公場所或會議室外**：軍事場所為了防諜，會在門口放置一個加鎖的箱子，所有人的手機必須先經過檢查才能進到內部。在會議室和辦公室外放置可充電和上鎖的小櫃子，以利排除令人分心的來源。

無處不在的螢幕

> ▶ 平板螢幕、觸控式螢幕、小螢幕和大螢幕出現在生活中的每個角落，隨時隨地都可以把訊息帶到眼前，不管我們需不需要接收那些資訊。

· 提供專門的安靜空間：就像機場貴賓休息室和圖書館，設置一處嚴禁喧嘩的空間。專門為安靜而設的空間可讓我們靜心反省、沉思，以及集中注意力。

· 用白板取代螢幕：拿掉螢幕，並將一部分牆面塗上白板漆，以促進協力合作和溝通，以及激發創意。

· 設立 Wi-Fi「冰點」：有位哈佛研究生提出一項有遠見的設計，那就是利用隔間設置小型空間，裡頭接收不到任何訊號，以確保待在裡面的人可以獲得安靜以及集中注意力。考慮看看在辦公室挑選幾個區域，設計成無訊號空間。

我們可採取一些小巧思，重新規畫並保護我們的工作環境，如此一來你我每天所要面對的諸多噪音都可以被降到最低。不過首先，需要有一位體貼的專注力管理者來負責。

▌拔掉居家空間裡的插頭

今日的工作環境是一面鏡子，映照出我們的居家環境。

在我小時候，正是電視機數量爆炸性成長的時代。在卡式錄影機尚未出現之前，大部分的家庭最多只有兩台電視機，而且幾乎都放在客廳。

在我的老家，我們把電視機藏在一個木製櫃子裡，外面有一片精美的木板遮住。當我們要看電視時，要先把板子滑開，並收在櫃子後方。這不僅是為了美觀的巧思，還可以使孩子較不容易

想看電視。於是，孩子在看電視時需要先獲得父母的首肯，他們不能隨心所欲地打開電視機。

現在回想起來，這個電視櫃非常值得一提，因為我的父母不只想美化客廳（放一大台黑色電視機在客廳中間，實在無法替室內裝潢加分），他們也想設立一些基本規定。當然，那時還沒有人會把電視機放在臥室（或其他地方）。時代真的變了！

在現今的家庭中，我們需要保留一些房間阻止科技入內，特別是螢幕。我們睡覺、交談以及最常接觸家人的地方（甚至包含讀書的地方），必須禁止科技進入，我們需要設計一些基本的保護界線。

知名極簡主義倡導者約書亞‧貝克（Joshua Becker）在他創立的極簡生活方式部落格 becomingminimalist.com 上提到：「房間有各自的目的：在廚房烹飪、在餐廳吃東西，在辦公室工作。我們設定這些房間的目的越明確，這些房間就越能促進效率。」我想分享一些想法，說不定有助激發大家重新設計居家空間的基本功能：

- **以藝術品取代監視器**：如果原本在家裡很多地方裝設監視器，不妨用藝術作品或照片來取代它們。看一看牆上的家庭合照或美麗的風景照片，更有助安定心情，而且也不容易令人分心。
- **專門用來閱讀的房間**：如果空間許可的話，請在房間裡放一張舒服的椅子，以及一些精美的書櫃，營造一個可以安

靜沉思及閱讀的專屬空間。目前在家裡打造一個精緻的角落是很受歡迎的居家設計，藉此提醒自己休息和閱讀是密不可分的關係。

· **科技產品的收納處**：如果你跟大部分的人一樣，也有手機、平板電腦、筆記型電腦以及一大堆充電線，找一個精美的箱子、櫃子或者矮櫃來收納這些科技產品，以及作為這些產品的充電站。

· **單一目的的空間**：可能的話，替每一個理由指定一個空間（比方說，廚房用來烹飪，所以冰箱上不可以有螢幕；臥室用來睡覺，所以房間裡不可以有電視機、筆記型電腦或電話）。

▌注重傳統教育環境的學校

位於矽谷的華德福學校，對於教育環境有著獨特的遠見。這間學校幾乎將所有技術隔離在校外。實際上，該校大約有四分之三的學生父母都在科技公司上班。在這間學校裡，沒有平板電腦、螢幕，也沒有智慧型手機，大家都必須面對面地接受傳統的教育方式。

諷刺的是，學生的父母正是開發應用程式、設備，以及科技的專業人士。他們都知道這些東西具有吸引人成癮的特質，但卻想要阻止孩子持續接觸科技產品。

與此同時，其他學校的家長都向校方努力爭取科技產品入校，

他們的孩子從教室到餐廳都要與科技為伍。儘管資訊科技帶來許多正面效果，例如更明顯的人格特質、更容易取得最新資料，以及促進父母、學生與老師之間的協力合作，可是當學生丟掉紙、筆和黑板，轉而使用電子白板和筆記型電腦，有更多、更嚴重的弊端已經漸漸浮現。

科技，為教室帶來哪些缺點？

・學生上課不專心
・同學間的疏離感
・師生互動減少
・過度依賴科技，影響學習以及批判性思考能力

與潮流逆行是很辛苦的，尤其是擁抱科技即等同於現代化與跟上時代腳步。

如果老師反其道而行，請學生親手實踐科學實驗、協作專題，以及離線寫作業，會發生什麼情況呢？

依賴科技可能會危害學生的社會情緒健康，還會影響他們對當面互動的優點所抱持的一些核心信念，因此我們該如何克服這些潛在危險？這一代的學生整個青春期都在使用智慧型手機，我們該怎麼做，才能幫助他們平衡其對科技的使用？

以下提供一些想法，說不定能激發更多靈感，去改變學校的一些基礎功能：

- 改造學習環境：上課時要把筆記型電腦收起來，或者在視線範圍內不要有數位設備，而且不要讓學生接觸科技，除非有時候必須使用科技來學習。避免整堂課都使用科技，或用科技來填補時間。
- 塑造能協作也能安靜讀書的空間：在教室和校園都要有特定空間，可以進行小團體活動以及安靜的反省時間。老師在設計教程時，應該規畫並練習「等待時間」和「反省時間」，讓學生自行進行或者與家長協力練習想像、思考，以及解決問題，這樣學生才不會只知道上網找答案。
- 鼓勵學生多參加不需要科技的活動和組織：設計需要先進行當面交談和互動的專題活動。鼓勵小組討論，並向學生示範如何促進溝通，不要期待學生天生就懂得如何與人互動。

▌能使人恢復健康的減噪環境

隨著越來越多組織會體貼地設計並促進生活、學習和工作環境，有一些改變的思維已經不再是紙上談兵。

人們對於環境的條件有著與生俱來的追求，比方說安全性、可靠性以及舒適性。根據美國明尼蘇達大學的研究數據指出，現今醫療機構在找出哪些環境條件有助改善病患照護和醫療效果方面，已經有很大進步。

在這份研究中，指出五大項環境條件：

· 幫助病人多接觸大自然，比方說設置花園或戶外造景。
· 充實醫院病房的環境條件，例如病人可以調整房內的燈光、
  音樂或溫度。
· 強化社交空間，提供舒適的休息室和房間給訪客。
· 阻隔醫院噪音及干擾注意力的東西，來減少環境壓力因素。
· 提供令人心情愉悅的靜態娛樂，例如藝術品、水族箱和壁
  爐。

　　現代醫院的新氣象也可能鼓舞他人改造環境，以促成更好的
照護和療效。

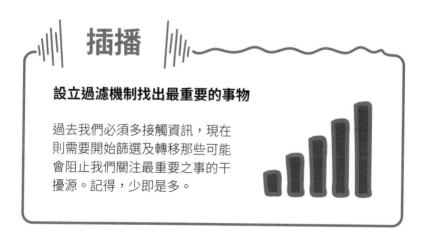

插播

設立過濾機制找出最重要的事物

過去我們必須多接觸資訊，現在
則需要開始篩選及轉移那些可能
會阻止我們關注最重要之事的干
擾源。記得，少即是多。

無論是在工作、家裡、學校或其他地方，既然我們決定要幫助身邊的人多關注真正重要的事，為使所有人可以過著更和平、人道的生活，這些環境都急需進行改造，這點一定要銘記在心。

▍回想一下

· 回想一下你的家、辦公室或教室。有哪些功能或科技，會使你常處於過度連線的環境？

· 今天你可以採取哪些行動，讓工作場所恢復平衡？該怎麼做才能讓家裡也恢復平衡？

· 當你與科技之間斷線時，你的感覺如何？

本章重點整理

要是能採取一些簡單步驟，來重造和保護我們工作和居住的空間，那麼就能大幅降低每天在工作上和生活中碰到的大量噪音。

開始畫出界線，以限制和阻擋不必要的噪音進入自己的世界。

Chapter

20 | 集中精力，減少煩惱

好幾年前有一則有趣的電視廣告，內容是美國電子數據系統公司（Electronic Data System），把資訊科技諮詢服務比喻成放牧貓群。在這支廣告中，他們請來真正的牛仔來告訴觀眾，牧貓是件多麼不容易的事。

「我在放牧貓群，不要讓任何人告訴你這很簡單。」一位牛仔說。另一位牛仔接著說：「任何人都可以放牧牛群，但要讓上萬隻有點野的短毛傢伙聚聚在一起，可完全不是能相提並論的事。」「當一位牧貓人，也許是我做過最困難的事情了。」另一位牛仔坦言道。

這支廣告之所以會令人莞爾一笑並且過目難忘，正是因為引起許多人的共鳴，讓人們能不假思索地承認，我們就像貓一樣瘋狂，所以需要某個人將我們包圍起來。

專注力管理者最重要的職責之一，就是從旁引導。這是一種難以言喻的技能，做得好時看似毫不費力。然而，實際上要人們彼此合作、專注、研發和討論，是一項艱鉅挑戰。

要使從旁引導看起來簡單，可完全不簡單。

在許多不同領域中，領導者都可以擔任引導者和專注力管理

者的角色。尤其在三個最重要的領域：在工作上、在學校裡，以及在家裡。你可能在某些時期需要在其中一個領域或所有領域擔負起這份責任，每次擔任這些角色都是一場挑戰，需要由你來引導大家集中注意力，並讓所有人能將方向保持在正軌上。

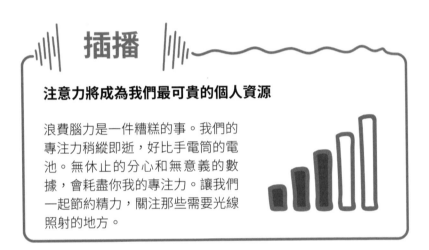

插播

注意力將成為我們最可貴的個人資源

浪費腦力是一件糟糕的事。我們的專注力稍縱即逝，好比手電筒的電池。無休止的分心和無意義的數據，會耗盡你我的專注力。讓我們一起節約精力，關注那些需要光線照射的地方。

▌會議被取消，反而令人高興

開會通常是件苦差。無論是會議過於冗長、缺乏妥善規畫，或充滿壓力和辯論不休，因此如果有選擇餘地的話，大部分的人都會避免參加會議。想想當你聽到會議突然要取消時，你會有什麼感覺？大部分的人應該會立刻感到一股歡欣，或覺得真是鬆了一口氣。

為什麼？因為很少有會議是具備明確目的和議程，並且能順

利開完的。開會時常令人感到痛苦，而且沒有效率。

商業人士平均每周會花 23 小時開會。以下是毫無意義的會議寫照：

- 三分之一的會議時間，被認為沒有什麼貢獻。
- 92％的人承認在開會時一心多用。
- 公司高層每天用一半的工作時間在開會。
- 高層主管認為超過 67％的會議都是失敗的。
- 每年有超過 370 億美元，被花在召開無貢獻的會議。

很顯然，這部分有極大改善空間。我們必須打造能讓人們期待參加的那種優質會議。

▌教室裡的干擾源

在當今校園裡，能令學生分心的事物不可計數。隨著連線設備越來越普及，學生必須持續替自己做出決定：要聽老師講課、盯著筆記型電腦，還是當收到新簡訊時偷偷看一眼手機。

吸引注意力的誘餌數不勝數，不只有科技產品，還有缺乏課前預習、課堂上有人講話，以及環境本身都會使學生分心。除了這些誘惑之外，有些講師也不專心上課，或者備課不足而導致課程缺乏明確的學習目標。

會議是巨大的噪音製造器

▶ 有 92%的職場高階人士，承認開會時會一心多用，且有三分之一的會議被認為效果不彰。

喬治在一所大型郊區中學擔任副校長，平時負責評估老師的表現。他特別努力想推動將科技融入課堂教學，因為這是該校的改善目標之一。由於有地方政府贊助，所有學生都會配給一台筆記型電腦，因此學校希望老師能善用電腦來上課。

　　喬治的第一個觀察對象是頗有教學經驗的布萊恩，他設計了一套詳細課程來介紹美國開國元勛。在課堂上，布萊恩會請學生搜尋有關編寫美國憲法的五項史實。他給學生 30 分鐘時間上網研究，並告訴他們等一下要跟全班分享那些史實。

　　大部分學生很快就完成「關於編寫美國憲法的五項史實」的研究功課，並用接下來的 25 分鐘搜尋美國大學籃球聯盟的十六強隊伍、比較最流行的舞會禮服款式，或者打電動遊戲。

　　這項課堂活動缺乏規畫、方向、合作或互動，令喬治感到非常憂心。沒錯，儘管布萊恩運用科技授課，可是學生只是照本宣科，沒能舉一反三，也沒有參與有意義的課堂活動。

　　隔天喬治觀察伊蓮娜的課堂，她請學生朗讀詩人朗斯頓・休斯（Langston Hughes）的短詩，接著讓學生輪流回答一些問題，以評估他們對民權運動的了解。伊蓮娜彙整答案並給予評論後，接著為學生使用科技訂定一個明確目標，她請學生分成小組，請每個小組依照她指定的民權相關主題，協力上網搜尋六筆被引用的資料並做成投影片，然後小組必須用有限字數搭配網路上的照片，上台向全班簡報搜尋成果。

　　喬治注意到學生積極參與小組活動，也了解活動主旨。雖然兩位老師都在課堂上「善用」科技，不過伊蓮娜也是一名專注力

管理者，她制定明確的教程，幫助學生了解科技並非這堂課的學習內容，而是輔助他們學習的一種工具。

▌家裡也需要專注力管理者嗎？

育兒似乎成了一大挑戰，父母的責任清單也越來越長。當然，親子關係需要我們隨時灌注愛、情感以及注意力。除此之外，每個人每天都有許多事要做，我們要工作、採購、看醫生、通勤、慶生、寫功課、運動、記帳、打掃等。

現在，把家庭會議也加入你的待辦清單。

這乍聽之下也許稀奇，但只不過是讓全家人聚在一起。無論是坐下來吃飯、一起規畫每周的活動，還是討論某一天的活動，你就像是這場會議的主持人。

我有位朋友名叫馬西奧，有一次他分享一個故事，關於他和家人如何計畫賣掉房子並移居國外。

我們每天都忙得不可開交，加上環境中有太多干擾，於是我們可能鮮少規畫出一段時間與家人多聊幾句。在接下來的幾個月裡，我們的房子就要準備出售，並且把行李運到法國，可是妻子和孩子對許多事的意見都不一致。於是我決定帶大家去當地的圖書館開家庭會議。我先規畫了討論事項，讓大家能共同討論搬家計畫。結果非常成功。

相同的規畫和引導技巧也可以用來安排晚餐上的話題，而且不需使用任何科技產品。太多優先事項和選擇在爭奪家人的注意力，會使家人各自擁有不同目標，進而感到孤立。

想要擁有更美滿、更團結的家庭生活，父母應該負責經常促進家人之間的相處機會。

···· {值得分享} ··

開會專家
給與會人員的「權利法案」

對企管顧問蒂拉・喬爾巴（Tierah Chorba）而言，開一場成功會議不只是她的專業，更是熱情所在。當我第一次與這位專家見面時，她以冷靜又有自信的態度讓人們維持專注力並完成任務，實在令我相當驚艷。

她做起來看似輕鬆，可我知道那有多困難。

她說話的聲音不大，口氣不強勢也不激動，只是格外專心地引導所有人更輕易地進行對話。她能精準掌握那些令許多人分神的來源，像她這樣的專家實在太少見了。如果有一門學科叫「會議動力學」的話，她肯定能拿到博士學位。

「好的會議需要靠設計，但好的會議看似很稀有，或者是一場意外收穫。」她說道，「我要解決的癥結之一是人們浪費時間和精力開會，卻沒能講清楚想要達成的目標，也就是會議的重點。絕大部分的會議議程都十分模糊。」

令我相當驚訝的是，她大膽要求與會成員應該反向施以壓力。她建議要在會議尚未開始前，請所有人簽署一份權利法案。這份法案的內容也許應該包含幾項關鍵規則：明確且可達成的目標、需要

他們參加會議的原因、公平發言討論的機會、會議時間要符合現實，以及開會前要公布議程表。

「我們都心知肚明，開會通常是浪費時間，而且毫無貢獻。」她說，「所以，讓大家一起挑戰現況，要求會議召集人保障他們身為有效率的專業人士的權利，而不是濫用。」

小記：她的做法值得一提，因為會議正是許多令人痛苦的噪音來源之一。我們需要讓這份痛苦反饋給對方，要求對方不要增加在我們專業領域上的噪音。

▍從旁引導的基本原理：
在工作上、在學校、在家裡

在各種生活環境中，做一位更好的引導者有幾個共通點，其中的關鍵是找辦法讓人們更容易集中注意力，而你的角色便是讓大家原本以為困難的事情，看起來很簡單就能做到。

經過幾年下來，我從這些引導者身上學到一些建議要分享給大家：

- 保持正面氛圍：祕訣是從一開始就要定調為正面氛圍。當別人看見你樂於助人、樂觀且抱持希望的態度，他們也會被你感染。
- 訂定一些目標：花點時間事先準備，無論是選定這次談話的主題，或者定義一些目標。一開始就要大聲地說出來，

好增加實現這些目標的機率。

- 準備有利的環境：你與大家一起工作、學習和生活的地方很重要。去除令人分心的東西、把雜亂的地方整理一下。整齊的空間有助凝聚向心力。

- 邀請每個人參加：無論是 3 個人還是 30 人，大家都要有參與感。如果有些人特別活躍而有些人比較被動，那麼就會產生不平衡感。

- 提出更好的問題：提前準備更好的問題可以促進人們交談，尤其是對於個性內向的人而言。不妨事先將一些有助提問的關鍵字列出來。

- 做好時間控管：要知道自己有多少時間，並且如何聰明運用時間。我們的注意力廣度會逐漸變得狹隘，而且每個人都喜歡提早一點達成目標。

發展從旁引導的技巧需要時間和努力，更需要同理心。當人們被效率不彰的會議挾持，我們也會感同身受對方的負擔感。我們知道學生坐在教室裡，可是心卻不在，導致他們幾乎學不到什麼知識。我們希望可以凝聚家庭向心力，少一些孤立感。

這不只是幫助人們更專注，人生充滿挑戰，也希望大家的生活能過得輕鬆一些。

▌回想一下

· 想想過去三個月所參與過的會議。有沒有議程表？如果有，議程很清楚嗎？有沒有如實進行？

· 如果你是學生，想想最近的課堂情況。哪些老師的授課內容很容易跟上？是什麼原因讓課程內容清楚易懂？哪些老師的授課內容很難跟上？是什麼原因讓課程內容變得艱澀難懂？

· 想想最近跟家人一起吃飯或參加活動時，當時每個人都在做些什麼？他們是否彼此互動，或者各做各的？有什麼辦法可以改善家庭互動情況？

· 在本章提到的建議中，你覺得可以利用哪一項來應用在工作上、學校裡或者家裡？

本章重點整理

太多優先事項和選擇，在爭奪同事、學生和家人的注意力，使每個人各自擁護不同目標，進而使你我備感孤立。

發展從旁引導的技巧需要時間和努力，儘管無法一蹴可幾，但重點是這麼做能幫助身邊的人更專注、實現更多目標。

Part
V

簡單設計
以降低噪音

設計簡單實用的日常小挑戰，
幫助自己快速轉到專注模式。

客製化的降噪預設

　　正如我們可以事先設定喜愛的電台頻道，或事先編排好歌曲播放清單，我們應該培養一些必要的習慣，讓你我能更關注最重要的事，並停止注意那些基本上沒有什麼意義的事。這麼一來，就能避免漫無目的地追求更多噪音干擾。

　　接下來的每一種專注力預設程式，可以用來改善你的意識管理，以及（或）專注力管理的技巧。你可以時不時考慮嘗試這些做法，增進自己的降噪能力。

▲ 預設程式 1：要常說不

- 前提：沒有人會計畫自己要被分散注意力或被打斷，這些都是出乎意料的事件，而我們需隨時準備好堅持到底。
- 執行：當通勤時，選一件要想的事就好。無論是在開車、在機場候機，還是在雜貨店排隊結帳，避免眼神接觸到可能會吸引你的目光，或者引誘你注意的任何東西，包括拿手機出來看。如果路旁有車禍發生，駐足觀望可能會導致你遲到，也不要查看簡訊提醒。那些擺在排隊隊伍旁的糖果或雜誌，就是為了故意吸引你的目光，所以

千萬不要上當。堅持只做一件事就好。

‧效果：培養自己向不期而遇的干擾源說不的能力，並保持專心致志。

▲ 預設程式 2：設定標題

‧前提：當你在會議上發言、演說或進行重要談話時，聽眾很容易在一開始的幾秒內就失去興趣。我們必須大膽地吸引他們注意，並且避免自己太慢才提到重點。

‧執行：當你知道自己有一些重要的事要分享時，不妨花一點時間事先寫下簡短標題。標題字數要在 8 個字以內，還要確保不只能引起對方興趣，還能表達到重點。舉例來說，假設你知道某個人要問你上周末過得如何，不妨利用一些簡單標題來回答預期內的問題（例如，問題：「周末過得如何？」。回答：「需要 3 天恢復體力。」或者「我覺得差強人意。」等）。假使身邊的人不會這麼做，不妨請他們想一想如何用簡短標題來表達，這只會花 1、2 分鐘時間，可是卻能有助抓住並維持聽眾的注意力。

‧效果：架設能促進聆聽的舞台，避免聽眾分心。

▲ 預設程式 3：化繁為簡

‧前提：錯失恐懼症是很難戒除的習慣。我們必須採取激烈措施，防止自己囫圇吞棗似地接收沒有意義的資訊。

‧執行：看看四周，找出那些你不需要或已經很少使用的東西。也許是一雙鞋、一枝筆、耳機或蠟燭。是什麼東

西都無所謂，重點是你幾乎不需要了，甚至忘了擁有。現在就處理掉，丟掉或送出去。不要猶豫，做就對了。

・效果：讓自己更自在地捨棄一些東西。這麼做可以幫助你找到力量，畢竟即使你少了那些不太重要的東西（或者資訊），也沒有關係。

▲ 預設程式 4：關心自己的事就好

・前提：好奇心殺死一隻貓。因為好奇心，我們浪費大把注意力思考與自己無關的事。

・執行：下回你跟一群人在一起時，注意一下自己有多快便開始構思意見、評論和結論。也許你在尋思對方的穿著、說話方式，或者對他們今天的活動安排、住在哪裡、相信什麼或上哪所學校有一些想法。想想這些想法是否會直接影響你的人生，如果只是無關痛癢的是非，就算了吧。

・效果：讓我們重新整理，並集中專注力在那些真正關切自身的事上，無關緊要的是非就讓它們過去吧。

▲ 預設程式 5：在會議上勇於發言

・前提：每個人都抱怨開會非常浪費時間，也預期開會效果不彰。可是沒有人願意站出來，主動改善會議效率。

・執行：開會前花些時間準備並分享正式的議程表，藉此架構出會議應該要討論和決定的事項。定義這場會議的核心目標——召開這場會議的理由（以及如果沒有開會商議的風險）。除此之外，告訴與會者要如何準備會議、

誰應該參加會議，以及需要他們參加會議的原因。提供大家明確的議程內容，並且分配發言時間給每一個人。最後，在會前分享議程表之後，你也要按照計畫開會。

・**效果**：讓自己拿回控制權，以及建立新的標準來促進大家共事的效果和效率。

▲ 預設程式6：運用計時器

・**前提**：時間一到遊戲就結束了。當開始計時後，你要奮力表現，以及取得勝利。倒數計時可督促我們更專心。

・**執行**：你可以用煮蛋計時器，簡易的碼表也行。不要用手機，只需要在倒數計時結束後發出提示音的任何東西都行。起初可以設定用15分鐘達成一項簡單目標，比方說寫一封謝函、整理房間、檢查電子郵件、打一通電話，或什麼都不做，只要安靜地坐著15分鐘。就像進行考試一樣，一聽見蜂鳴器響起就要立刻停止動作，遲一秒也不行。

・**效果**：設定時間限制很有幫助，我們會因此以更堅定的意識和態度去經營每一天。

▲ 預設程式7：早7晚7規則

・**前提**：我們一整天老是在檢查手機或電子設備，從早到晚都是如此！畫分界線來確保我們每天想的第一件及最後一件事，都不會是科技產物。

・**執行**：你睡覺的地方是很重要的場所，把所有科技產品放得遠遠的（最好是在另一個房間），讓自己躺在床上

時沒辦法觸碰到任何電子商品，遠到你得實際走過去才能拿到。如果需要鬧鐘，買一個便宜又簡單的鬧鐘。如果需要聽到手機鈴聲，可以把音量調大聲一些。當醒來時，早上 7 點前都不要看手機，晚上 7 點以後也不要看。

- 效果：為了不讓科技產品造成睡眠的負擔，以及讓自己能夠真正地休息，我們要設定日常的使用限制。

▲ 預設程式 8：輕鬆地散散步

- 前提：做一些簡單運動讓大腦恢復活力，以及擺脫日常的噪音干擾。
- 執行：你可以每周或每天多散步幾趟。不要把散步當運動，而是要趁這個機會卸除那些日積月累的干擾噪音。不要邊聽音樂邊散步，也不要看手機。只需要散步，其他都不要想，就讓大腦開始神遊。當散步時，多聽少想，只管直視前方，不必要求自己達成特定目標。
- 效果：給自己規畫一些關鍵時刻，來清除思緒並恢復專注力。

▲ 預設程式 9：低頭檢視內心

- 前提：有時候我們很難集中注意力。這時需要一些刺激，促使自己深入探索。
- 執行：當你正努力執行一個特別艱難的任務，例如學習、寫作或聆聽時，不妨思考一下你會如此專注在這件任務上的理由。當然，你已經為此向許多其他事情說不（比方說短暫休息一下、檢視剛才收到的通知，或者稍微恍

神一會兒）。更重要的是，想想你對什麼事情說好，以及它為什麼值得你願意暫時專心投入。

- 效果：找出具體且有意義的目標，可幫助維持專注力，尤其是當遇到難以集中注意力的情況時。

▲ 預設程式 10：整理你的包包

- 前提：你有各種尺寸的包包，去到哪都一定會帶著，可是裡面大部分東西卻很少用到。我們很容易對物品產生依附感。

- 執行：忘掉你的背包、手提包、書包和公事包，去上學和上班都不要帶著。如果你會因此感到慌張，請利用一些時間清空包包，並仔細看看裡面裝了哪些東西。假如今天一定要帶包包出門，那就切記真的有需要的東西才放進包裡。

- 效果：鼓勵自己去體會對不需要的東西產生的依附感。

▲ 預設程式 11：暫時放下科技產品的時間

- 前提：電子設備和螢幕占據了我們的生活環境，不斷爭奪我們的注意力。我們需要安排時間與它們分隔。

- 執行：無論是在開會、吃飯、參加運動比賽還是開車，趁這時候給自己、家人和同事休息一下的機會。不要使用任何科技產品，甚至不要聽音樂或播客節目。不只是當在國外度假或參加婚禮時，而是應該每天定時這麼做。設定暫時放下科技產品的具體時間並告訴身邊的人，然後確實地堅持下去。

- 效果：明白自己會經常出自本能，且不加思索地與科技互動。當暫停使用科技產品時，你將感到如釋重負。

▲ 預設程式 12：感受那些細微的感覺
- 前提：在不知不覺中，我們可能會錯過那些細微卻重要的生活細節，而且這種錯過可能會不斷發生。
- 執行：想想自己每天在不知不覺中做的三、四件簡單事情。也許是沖溫水澡、喝一杯水，或坐在舒服的椅子上。當你做這些事的時候，感受當下的情緒，用心將那份感覺記下來。用 30 秒感覺那溫暖的洗澡水流過肩膀；品嚐喝下的每一口冷水；感受每天早上或一天結束前，坐上的那套沙發有多麼舒適。用心去仔細地感受看看。
- 效果：讓我們開始注意並感激生活中的小細節，將那些小地方變成更有意義又有回報的時刻。

▲ 預設程式 13：棋盤遊戲
- 前提：沒有什麼比得上傳統遊戲更適合放鬆心情的，比方說大富翁、疊疊樂、接龍等。遊戲可讓大腦從噪音轟炸中恢復過來，所以玩遊戲也非常重要。
- 執行：當感覺自己負荷過重或過度工作時，正是時候去玩玩遊戲。你可以跟家人或朋友，也可以自己玩。要選擇簡單且不需要科技的遊戲，卡牌或各種棋盤遊戲都很適合，它們不只很有趣，還可確保你和其他人不再花太多時間只和手機互動。回想當你們都沒有使用科技產品時（可能是在旅途中、晚飯後、周末期間或休息時間

等），那時有多愉快。

- 效果：藉由這些傳統的遊戲度過一段愉快的時光，大家的心情不只放鬆了，也玩得很開心。

▲ **預設程式 14：啟動感激之情的引擎**

- 前提：分心的同時還會浪費很多注意力埋怨自己。心懷感謝，可讓我們專注在重要的事上。
- 執行：留意自己什麼時候心中開始出現批評的聲音。有可能是當在餐廳裡等待時、在家感到不耐煩時，或者在會議中對其他人的評論感到挫折時。埋怨不只會令人分心，還會耗費大量精力。留意是什麼時候開始在心裡講廢話，並努力將負面能量轉為正向思考。為自己可以付得起一頓美味的餐點、擁有健康的孩子，以及持續看漲的薪水而心懷感恩，就是不要哭喪著臉！
- 效果：你會發現只要利用一些時間仔細思考要感謝的許多事，你的焦慮、擔憂和埋怨就會漸漸消失。

▲ **預設程式 15：運用當下聆聽去理解對方**

- 前提：人們時常會問候對方「最近過得好嗎？」或「今天過得如何？」然而只要其他人接著講話，剛才的回答馬上就會被拋在腦後。完全沒有人在主動聆聽。
- 執行：當下次詢問別人專案的進度、一天過得如何或某件事的進展時，要下定決心主動聆聽。或許可試著提出更多問題，並參與對話。你可能不喜歡這麼做，不過可以出於自願而對他們講的話感興趣。不要為了同意、評

論或糾正對方而聆聽，而是為了理解才這麼做。留意一下內心有多少噪音在阻止自己保持注意力。不妨給自己15分鐘「當下聆聽」，作為禮物送給對方。

- 效果：觀察當下聆聽這個舉動，會如何影響人際關係及互動。

▲ 預設程式 16：掛上「請勿打擾」牌子

- 前提：如果人們覺得可以打擾你一下，或你沒通知他們不准打擾，他們就會這麼做。可以提供一個管道讓他們知道何時方便打擾你一下。

- 執行：製作一張小牌子（或買一副耳機），令大家知道現在是你的安靜時間。「請勿打擾」的牌子起初也許看似誇張了些，但卻可以告訴大家你現在需要專心，不歡迎大家打斷。這個方式不只保障你的時間和注意力，也為大家制定一道標準，其他人一看到便知道現在是你最需要專心的寶貴時間，不希望有任何事令自己分心。

- 效果：制定簡單規則，令人們能據此建立安靜與合作之間的平衡。

▲ 預設程式 17：1分鐘會議

- 前提：儘管人們喜歡抱怨自己多麼討厭開會，因為開會很浪費時間，可是卻不見有人願意講出來，停止瘋狂開會的行為。

- 執行：無論你是會議主持人或與會者，我們都需要改變。這意味著需要發布正式的議程表。請在會前準備好議程

表，並分發給所有人。將這件事當作一份重要的工作，以確保自己不會浪費大家的寶貴時間。就像少了章節就無法寫成一本書，少了幕次就無法完成一齣戲，那些無意義的會議就像一場又一場的即興喜劇。

- 效果：有了簡單易懂的議程表，加上清楚的目標、角色和期望，大家便能往對的方向前進。

▲ 預設程式 18：結交一些好朋友

- 前提：任何形式的科技——發簡訊、社群媒體、電子郵件、播客、視訊會議，都無法取代同事的說話聲，以及好朋友帶給你的暖心感。

- 執行：誰是你最要好的朋友？最常聯絡的對象？我和大部分的人一樣，都很難回答這些問題。不妨仔細思考一下，找出這些人，並與他們保持聯繫。這份名單也許很短，所以請務必定期聯絡他們，不要讓時間或科技阻隔彼此。

- 效果：確保不要失去那些真正關心自己的人，別忘了要經常跟他們聯絡感情。當你們在一起相處的時候，許多噪音應該都聽不見了。

▲ 預設程式 19：設定自動化規則和過濾器

- 前提：如果不跟科技產品說不，每次它都會不請自來，下次還會邀請朋友一起來打擾你。

- 執行：所有科技產品都沒有心，它們不會在意也不會顧慮你和你的時間。我們必須利用各種工具，防止科技接

管生活。首先，可以設定簡單規則或過濾器，像是把電子郵件自動分類至垃圾桶、指定收件匣或更精細的類別，以管理通知、提醒以及噪音。那些叮叮作響的噪音很快就會變成一首交響曲來分散及干擾你，它們會偽裝成重要的客人，在沒有受到邀請下便貿然出現在家門口。設定一些規則對付不請自來的噪音。

- **效果**：讓自己提前準備好對付那些不斷湧入的不重要資訊，以及永無止盡的干擾噪音，不再讓它們破壞你的專注力和生活品質。

▲ 預設程式 20：隔音空間

- **前提**：我們需要預留空間來阻隔不曾休止的噪音。有了這些寧靜的避難所，才能保持冷靜並繼續前進。

- **執行**：我們需要找出寧靜的空間，再不然也要替自己設計或指定空間來獲得寧靜。可以利用沒有任何科技產品的會議室，或在家裡找一個精巧的閱讀角落，打造成自己的避風港。你要經常去那裡重新整理心情、思考、冥想、沉思、祈禱，以及制訂計畫。確保那裡沒有任何科技產品，連附近也沒有就更好了。喧鬧的世界會不停耗損我們的精神，這裡的寧靜可以幫你恢復活力。

- **效果**：經過一整天的噪音轟炸，此時我們需要好好沉思的時間和空間，而寧靜的空間正是我們所渴望的。

我們可以每天啟動這些預設程式，當然也可以自創專屬的預

設程式。分享並運用預設程式,可為所有人帶來共同的好處。

▌透過個人預設程式編排,管理噪音

想像你驅車前往新的城市。當打開收音機時,你已經不再愛聽那些預設電台了,而且那些電台頻道只會發出吵得要命的噪音。現在是時候重設你喜歡聽的電台頻道,以避開那些擾人的噪音。同樣道理,當我們的生活改變時,就需要調整一下自己。

我自創一套編排指南,可幫助各位設定個人化預設程式來適應新的生活環境。你可以按照接下來的步驟,自行設計專屬的專注力改善策略。現在拿出筆記本、一張紙、筆電或任何設備都行,回答接下來的問題以製作個人的預先設定計畫。

第一步:掃描

你需要評估廣播電台頻道的內容。花一些時間思考生活中的噪音會造成哪一些影響。接著回答接下來的問題:

· **風險評估**:如果讓噪音為所欲為並掌控自己的工作和生活(這是最不理想的情況),你覺得在三到五年之內,你的工作和生活會變成什麼模樣?請寫下10種最可能發生的狀況。
· **回報評估**:如果你設定界線有效阻隔生活及環境中的噪音(這是最理想的情況),你覺得在三到五年之內,你的工作和生活會是什麼模樣?請寫下10種最可能發生的狀況。

第二步：找出意識管理（AM）電台頻道

接續前面的回答，想想看有哪些可以有效管理意識的方法，讓你可以更接近最理想的情況。

- 在工作場所或家裡，可以做出哪些改變來使你更輕鬆地增進效率？
- 當你試著集中注意力時，有哪些方法可以阻止噪音？
- 當你不是在工作時，有哪些方法可以限制自己使用螢幕或其他科技產品的時間？

第三步：找出專注力管理（FM）電台頻道

- 你有哪些具體方法可幫助團隊、家人或朋友，達成更有效率的對話和互動？
- 你有哪些點子可促成更有效率的會議，或有利社交互動的環境？
- 你可以設計並執行哪些標準，促進在工作上和家裡的人際互動？

第四步：選擇你的預先設定內容

研究你剛才寫下的那些機會，接著畫成圖表，就像下面這張圖一樣。你會發現有些預設程式的影響力很大，執行起來也會花比較多時間，以及有些預設程式一下子就可以做到，而且立刻就

能發揮影響力。

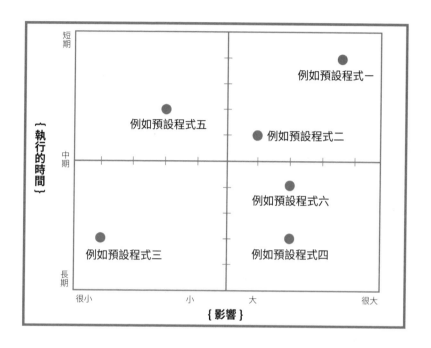

現在選出一些能促進意識管理與專注力管理的策略，並在圖表上標出執行時間（從短期到長期），以及它們潛在的影響效果（從很小到很大）。把預設程式當作指引，但不要阻止增加它們的數量。

要記住，越少越好，越簡單越好。別想列滿一整串清單，我們無法讓二十五件事情都有進度。這張圖是為了讓你排出優先順序，按照時間計畫來做出改變。先實現一些很快就能做到的改變，再乘勝追擊去挑戰更難的改變。

真希望我們都能將這些預設程式化為簡單按鈕，只要輕輕按下開關，就變成我們固有的習慣！可惜人生沒那麼簡單。相反地，我們需要多練習、說到做到，以及規矩行事。不過你我都可以辦得到，只要一步步去完成。

將個人的預設程式寫下來，並請張貼在好幾個你看得到的地方。接下來，你可以把它們分享給信任的人，而且請他們每隔幾周來檢驗你是否說到做到。最後，隨著越來越多的干擾噪音已經排除了，你要每隔 90 天回頭檢視並更新。

這個方法不只可幫助自己加強專注力，還能獲得幫助他人的力量，讓他們也跟你一樣更容易集中注意力。

▌「先發陣容」：維持得分就能獲勝

在運動賽事開始之前，每位教練都會制定作戰計畫。那些要上場的運動員名單通常被稱為「先發陣容」。這看似一件簡單的事，可是許多比賽會輸掉就是因為在先發名單中安排了錯誤的陣容，或者少了一些更優秀的運動員。

我在這本書中設計了一份基本清單，可用來仔細管理日常生活中的噪音。我認為有一些「日常活動」是每天都要進行的，有一些則是「特別活動」，它們的區別在於有些活動是無法避免的，所以每天都應該安排具體時間來完成「日常活動」，而有些活動是持續發生且有選擇性的習慣，所以可以有策略地在一天中選擇

時間安插這些「特殊活動」。

「日常活動」——預定好的行為

- **第一個想法**：這是你一覺醒來，心中想到的第一個標語。這個想法將決定你今天的方向，秉持著這個想法能幫助你避免直覺地使用手機、一開口就是抱怨，或者容易恍神胡思亂想。不妨在前一晚睡前花些時間寫下隔天的安靜宣言。

- **安靜時間，白天**：每天早上設定一段時間，建議至少 15 分鐘，用來專心地反思、沉思、做白日夢、籌畫、思考、沉默，以及（或）祈禱。這是為了你和你的大腦預定的時間，而且沒有商議空間，也就是說絕對不可以取消。

- **閱讀時間**：每天都要安排閱讀時間，10 分鐘即可。建立閱讀清單並選出一本書，每天都閱讀一小部分。閱讀時間可以讓大腦專注在各個生活領域上的重要事情。你將會驚訝地發現自己能在一年內閱讀好幾本書，而且也會意外地發現要阻止自己不要看書超過 10 分鐘是相當困難之事。

- **日常掃描**：這是一天之中的一小段時間，大約只需要 1 至 3 分鐘即可，來快速反思前一天，以及補救接下來的一天。重要的是要回顧前一天發生的事，同時做好心理準備迎接接下來的一天。想想什麼時候最適合做日常掃描，想要在早上、中午或晚上做都可以。

- **重要時刻**：這是一天之中最重要的時刻。由於你在生活上會扮演特定角色，所以要由你來決定什麼時候是自己的重

要時刻，並且讓大腦和身體都準備好在真正重要的時刻發揮專注力。重要時刻可能每天都在同樣時間，也可能每天都會改變。

· **安靜時間，晚上**：下午或晚上安排一段時間，至少要 15 分鐘，用來專心地反思、沉思、做白日夢、籌畫、思考、沉默，以及（或）祈禱。這是為了你和你的大腦預定的時間，而且沒有商議空間，也就是說絕對不可以取消。

· **睡前的想法**：當準備就寢時，想想你今天的標語應該是什麼。無論這一天過得好或不好，這是結束一天的關鍵時刻。檢查手機不應該是睡前最後一件想到的事。

「特殊活動」──持續進行的行為

· **觀察內心的動靜**：捕捉你這一天心裡想到的念頭，包括出自意願想到的、靈光一閃或偶然想到的想法。這表示你要不斷問自己「我正在想些什麼？」「我在注意什麼？」「我有什麼想法？」來使自己全心全意地投入當下。

· **重覆提起**：利用一整天縈繞在你心裡的格言、引述、思想、口號，或者重要之事。一再地對自己提起它們可提醒你在這一天擔任的角色，進而使你在面對最重視的事情時保持專注。請讓自己一再重覆提起它們，就算提起很多遍也不用擔心。

· **關掉更多噪音**：常常向會打擾自己或令人分心的事物說「不」。當察覺噪音越來越大聲時，用這個方式打敗噪音，

以免它們削弱你的專注力。說「不」向來很管用，所以要好好使用這個武器。

· **5分鐘**：騰出恰好 5 分鐘，解決一個特定的想法或任務。別欺騙自己，別以為自己可以成功同時處理好許多事。這 5 分鐘需要格外集中注意力。當 5 分鐘到了，就先休息一會再繼續處理。

· **當下聆聽**：當你在聆聽對方時，提升自己當下的聆聽品質。儘管有時候很難做到，不妨更仔細地注意對方說些什麼，其他的先擺一旁。這意味著你聆聽對方不是為了回應他、同意他，也不是為了解決他的問題，而是為了理解他。

· **精簡**：練習清楚又簡潔的溝通方式，包含書寫和口語。溝通不良就是噪音來源，所以要在重要時刻扮演精實的溝通者。精簡是條理清晰的基礎。

這是一份簡單的清單，請把它存下。每天用用看「先發陣容清單」，觀察一下會如何改善你的專注力。

我們絕對需要消減噪音，必須把它視為一項義務。而不要讓你的生活產生更多的噪音，則是我當仁不讓的任務。

{ 先發陣容清單 }

日常活動 ▶ 項目細節	
日常活動	**備註**
☐ 第一個想法 用來開啟這一天的標語	
☐ 安靜時間，白天 給你思考的時間	
☐ 閱讀時間 準備你的閱讀清單	
☐ 日常掃描 往前和往後思考	
☐ 重要時刻 一天之中最重要的時刻	
☐ 安靜時間，晚上 給你思考的時間	
☐ 睡前的想法 用來結束這一天的標語	

這些日常活動可幫你對抗生活中的噪音。

事先安排好這些活動並如實執行，是打敗生活中的噪音之關鍵。

特殊活動 ▶ 項目細節	
特殊活動	**備註**
☐ 觀察內心的動靜 思考內心的想法	
☐ 重覆提起 利用詞語來集中注意力	
☐ 關掉更多噪音 向科技產品和令人分心的 事物說不	
☐ 5 分鐘 5 分鐘專心做一件事	
☐ 當下聆聽 聆聽的才能	
☐ 精簡 清楚又簡潔地溝通	
☐ 其他 管理噪音的替代方法	

特殊活動可幫你調整持續進行的改變計畫。

它們可讓你有獨特的方式，贏得時時刻刻的專注力。

▶ 每天填寫這份清單，可讓你更輕易對抗並戰勝噪音。

這聽起來很棒！

閱讀這本書，很可能會令你感到喪氣。

我曾和人們談到這本書前面提到的影響，我總能看到他們的表情出現變化，心情也變得低落，有些人會開始帶著絕望和沮喪的心情去看待未來。他們會開始懷疑現在的人們及往後的世代應該如何適應和應付這般戲劇性的變化。年輕人會願意改變他們的行為嗎？還是會認同自己的三心二意，乾脆把專注力耗盡也無所謂？

或許，我們要開始關注一些比較嚴肅的問題：

- 大肆分散注意力的武器，會不會對孩子的發育造成永久傷害？
- 當大家已經習慣性分散注意力，該如何維持健康的人際關係及友誼？
- 聆聽與交談的藝術，會不會消失？
- 我們會不會對更多科技產品上癮？未來的生活會不會更加孤立？
- 我們能嚴格管理並極力減少使用螢幕的時間嗎？

- 工作場所、學校和家庭能促進我們的效率和滿意度嗎？還是總是令人分心又沮喪呢？
- 我們會不會失去閱讀長篇作品（例如經典文學）的興趣和能力呢？
- 電子郵件和簡訊等新的應用程式開發，會不會破壞並摧毀我們的大腦呢？
- 虛擬實境會不會導致大腦呈現一片混亂？
- 吵得不可開交的噪音、封閉的內心以及逃避，會不會使人不懂得以禮待人？
- 我們會如何在不知不覺中變得沒有人情味又膚淺？

當思考以上問題時，實在很難令人不感到氣餒。我們還有什麼理由能保持樂觀？

這個答案就是我們都具備能力，為個人、朋友、同事及家人的最佳利益而選擇並奮戰。儘管現在的社會壓力似乎已經成為一股無法避免的力量，打算將所有人逼入一個黑暗之地，不過你我可以決定自己想要用哪一種方式來管理將來的現實世界，而不是被其掌控。

這本書是以傳統的方式去回應新世界的問題。這本書是為了提供一些實用方法，進而在大家都無法集中注意力之際，能找到適應之道，並帶領其他人適應這個世界。這本書，是為了幫助各位對抗所有的噪音。

我一想像所有人都能夠自信地對付這個充滿噪音的世界，就

想起已故兄長強尼。有好長一段時間，他都在與癌症搏鬥，直到
2015 年去世，當時他還沒滿 50 歲。強尼向來樂觀，真心愛著身
邊的人，而且總是笑口常開。在我認識的人之中，沒人比他更懂
得聆聽。他喜歡聚焦於當下，把注意力放在其他人身上是他的習
慣，而且對方也會感覺得到。

強尼·麥柯馬克

　　話雖如此，他也喜歡科技，他愛看電視和使用社群媒體。他
會分享有趣的事，甚至追蹤名人的帳號。他會在幾個常用的社群
媒體上寫下他的個人見解，有時也會寫下誇張的評論。
　　不過當你跟他相處在一起時，其他事情都不重要，你才是最
重要的。他是當下的聆聽者，他會向令人分心的事情說不，並且
替自己和身邊的人創造不受干擾的安靜時間。
　　強尼把人放在首位。特別是他在世的最後一年，他致力於幫
助人們專注在生活上更重要的事。他總是先想到要關心他人，照
顧自己是次要之事。

與他相處的時間無比珍貴，因為他最重視的就是身邊的人。

小時候每當我在他身邊時，那裡就沒有噪音，只有悅耳的笑聲、愛與生活。直到現在，我還聽得見那些美妙的聲音。

讓我們變得跟強尼一樣吧。

國家圖書館出版品預行編目 (CIP) 資料

零噪音 : 在專注力稀缺時代, 奪回人生與工作主
導權 / 喬瑟夫．麥柯馬克 (Joseph McCormack) 作.
-- 初版. -- 臺北市 : 今周刊出版社股份有限公司,
2021.05
　　面；　　公分 . -- (Unique 系列 ; 55)
譯自 : Noise : living and leading when nobody can
focus
ISBN 978-957-9054-85-0(平裝)

1. 注意力 2. 自我實現 3. 成功法

176.32　　　　　　　　　　110004179

Unique 系列 055

零噪音
在專注力稀缺時代，奪回人生與工作主導權
Noise: Living and Leading When Nobody Can Focus

作　　者 喬瑟夫‧麥柯馬克（Joseph McCormack）
譯　　者 曾婉琳
資深主編 許訓彰
副總編輯 鍾宜君
校　　對 李韻、李志威、許訓彰
行銷經理 胡弘一
行銷主任 彭澤葳
封面設計 萬勝安
內文排版 潘大智

出 版 者 今周刊出版社股份有限公司
發 行 人 梁永煌
社　　長 謝春滿
副總經理 吳幸芳
副 總 監 陳姵蒨

地　　址 台北市中山區南京東路一段 96 號 8 樓
電　　話 886-2-2581-6196
傳　　真 886-2-2531-6438
讀者專線 886-2-2581-6196 轉 1
劃撥帳號 19865054
戶　　名 今周刊出版社股份有限公司
網　　址 http://www.businesstoday.com.tw

總 經 銷 大和書報股份有限公司
製版印刷 緯峰印刷股份有限公司
初版一刷 2021 年 5 月
定　　價 360 元

Unique

Unique

Unique

Unique